DE QUE SERVE SER CULTO ?

Título original: *Liliane est au lycée – Est-il indispensable d'être cultivé?*
Copyright © Éditions Flammarion, Paris, 2011

Este livro foi revisado segundo o Acordo Ortográfico da Língua Portuguesa de 1990, que entrou em vigor no Brasil em 2009.
Diretora Editorial: *Rosangela Dias*

Editor: *William Oliveira*

Editora assistente: *Beatriz Crespo Dinis*

Tradução: *Rosa Freire d'Aguiar*

Revisão da tradução: *Yara Trentino*

Capa e Projeto Gráfico: *Clara Silva*

CIP-BRASIL. CATALOGAÇÃO NA PUBLICAÇÃO
SINDICATO NACIONAL DOS EDITORES DE LIVROS, RJ

B139i

Baillargeon, Normand, 1958-

É indispensável ser culto? / Normand Baillargeon ; tradução Rosa Freire d'Aguiar. - 1. ed. - Rio de Janeiro : Apicuri, 2015.

152 p. ; 18 cm.

Tradução de: Liliane est au lycée : est-il indispensable d'être cultivé?
Inclui bibliografia
ISBN 978-85-8317-030-3

1. Filosofia 2. Teoria do conhecimento. I. Título.

14-15417 CDD: 101
CDU: 101

27/08/2014 02/09/2014

[2015]
Todos os direitos desta edição reservados à Moreira Dias Editora Ltda. — Editora Apicuri
Rua Senador Dantas, 118, cobertura 2, Centro
Rio de Janeiro, RJ — 20031-205
Telefone (21) 2524 7625
contato@apicuri.com.br | www.apicuri.com.br

DE QUE SERVE SER CULTO?

Normand Baillargeon

TRADUÇÃO:

Rosa Freire d'Aguiar

1ª edição

apicuri

Rio de Janeiro

2015

SUMÁRIO

INTRODUÇÃO 8

CAPÍTULO 1
MAS ENTÃO, VOCÊ QUER QUE EU SEJA CULTO? 17
AMBIÇÕES EXAGERADAS 20
ESCOLHAS REVELADORAS: TENDÊNCIAS E EXCLUSÕES 22
CULTURA GERAL: CULTURA DOMINANTE? 23
A OUTRA METADE DO PLANETA... 26
NORMAL... BRANCO, ORA BOLAS! 29
SOB VOSSAS BANDEIRAS! 31
A CONTENDA EXEMPLAR DO CÂNONE 34
E AS CIÊNCIAS, ENTÃO? 36
UM ESCANDALOSO "INUMERISMO" 39
PEDANTES E CHARLATÃES 41
NO ENTANTO... 46

CAPÍTULO 2
PENSANDO MELHOR... UMA DEFESA DA CULTURA GERAL 51
AS VIRTUDES DA CULTURA GERAL 52
CULTURA GERAL E VÍNCULO POLÍTICO 56
O NÚMERO MÁGICO 58
QUE CULTURA GERAL? 62
A ABERTURA DA CULTURA GERAL 63
AS FORMAS DE SABER 65
AS CIÊNCIAS EMPÍRICAS E EXPERIMENTAIS 67
PELA MATEMÁTICA CIDADÃ 70
A LITERATURA E A CULTURA DA IMAGINAÇÃO 72
A IMPORTÂNCIA DA HISTÓRIA E DA HISTÓRIA DAS IDEIAS 73
O CASO DA FILOSOFIA 74

CAPÍTULO 3
CULTURA GERAL E EMANCIPAÇÃO 83
A TENTAÇÃO RELATIVISTA 84
ADORNO E O JAZZ 89
MÍDIA E CRETINIZAÇÃO DAS MASSAS 91
A TENTAÇÃO DA SÚMULA 93
A RAMPA UTILITARISTA 95
O MAL ESCOLAR EM VERSÃO FRANCESA 96
O QUE SE SABE SOBRE O APRENDIZADO 99
UMA ÉTICA DA SOLICITUDE CULTURAL 100
ELOGIO AOS REBELDES 101
BOLSAS DO TRABALHO, NOSTALGIAS... 102

CONCLUSÃO 108

UMAS GOTAS DE ANTÍDOTO 113

POSFÁCIO 136

BIBLIOGRAFIA 148

8

INTRODUÇÃO

Minha amiga Marie-France me contou que, quando criança, não entendeu direito o título dos livros que o professor citou na sala de aula: *L'Iliade et L'Odysée*, a *Ilíada* e a *Odisseia*, tinham se tornado *Liliane est au lycée*! Parece que a história se repete... No sábado, 2 de abril de 2011, durante a Jornada do Livro Político, um jornalista do *Le Figaro* pergunta a Frédéric Lefebvre, então secretário de Estado do Comércio (e de muitas outras coisas), qual foi o livro que mais o marcou.

O senhor secretário logo responde, com uma bela autoconfiança: "*Zadig et Voltaire*, sem a menor dúvida". "Mas por quê?", insiste o jornalista, sabe-se lá se com ironia ou não. O secretário de Estado explica sua escolha, com muito prazer, sempre com o mesmo *aplomb*: "Porque é uma lição de vida. E, aliás, volta e meia mergulho nesse livro".

Ah, essas lições de vida de *Zadig et Voltaire*! Jamais nos cansamos, e que delícia mergulharmos nelas, é ou não é... Divulgadas no YouTube, essas imagens foram vistas, uma semana depois, por quase 200 mil curiosos, que ali deixaram um monte de comentários, indignados ou engraçados.

Em todo esse episódio lia-se, em filigrana, que o secretário de Estado acabava de cometer uma gafe dificilmente perdoável na França: ele fora pego em flagrante falta de cultura geral, crime agravado por sua condição de político, em quem talvez se perdoe menos esse crime do que em qualquer outra pessoa.

Mas, quem sabe? Naquele dia, talvez o senhor Lefebvre tivesse cometido um simples lapso, que o teria feito confundir o livro *Zadig ou o destino*, de Voltaire, com *Zadig et Voltaire*, uma marca e loja de roupas. É verdade que se enganar a respeito do título do livro preferido é um bocado bizarro (escrevi "bizarro"? Ora vejam...).

Seja como for, há poucos países em que o pecado de falta de cultura geral provoque reações tão numerosas e virulentas, indo da gargalhada (Leu *Vigiar e punir*, de Michel Fouquet's? Gosta de *Memórias de Além-túmulo*, de Château-Lafite?[a]) à indignação. ("Mas francamente! É essa gente que dirige o nosso país? Uma cambada de malucos, inaptos, incultos e que imaginam ter capacidade intelectual para governar.")

Essa paixão francesa pela cultura geral se espalha por qualquer lugar, e mais ainda pelas prateleiras que lhe são dedicadas nas livrarias, onde o estrangeiro de passagem — sou um deles — logo a observa, se não a tivesse notado antes.

Ali se encontram livros e produtos que, para o *livróvoro* que eu sou, não têm, devo admitir, nenhum equivalente norte-americano: dicionários de cultura geral, enciclopédias de cultura geral, obras dedicadas a temas de cultura geral (o amor, as fronteiras, a felicidade, o dinheiro...), resumos de

---

a *Vigiar e punir* é de Michel Foucault, enquanto Fouquet's é o nome de um restaurante de luxo na avenida dos Champs-Elysées, em Paris; *Memórias de Além-túmulo* é de François-René de Chateaubriand, e Château-Lafite é um dos mais famosos vinhos de Bordeaux. (N. T.)

livros de cultura geral, cursos intensivos de cultura geral, discos audiodigitais de cultura geral, fichas e até jogos de perguntas e respostas de cultura geral; e muitas outras coisas. No site Amazon.fr, a entrada "culture générale" enumera... 3.276 obras! E se lhe der na veneta, será difícil fazer uma comparação com o site Amazon.com, já que a expressão "general culture" é, por assim dizer, desconhecida e não usada na língua inglesa. (É verdade que houve um debate sobre cultura geral no mundo anglo-saxão, mas de forma singular, como veremos, e mais especificamente na universidade, em torno da natureza e do conteúdo da educação geral que ali se deve oferecer.)

Diante dessas ofertas, o freguês se detém de repente, ora admirativo, ora achando graça e, às vezes, confesso, levemente inquieto. Pois o que é essa cultura geral? Já que possuí-la tem, tudo indica, tanta importância, é possível ao menos delimitá-la em suas grandes linhas? E qual é exatamente o nome do singular apetite que esses surpreendentes alimentos satisfazem? Aliás, por que a cultura geral teria a importância que costumam lhe conferir? A quem ainda cabe dizer o que deve ser lido, compreendido e assimilado, e designar esse conjunto de referências culturais que supostamente devem ser conhecidas por todos? Que critérios levam à sua escolha? Que papel, enfim, atribui-se à cultura no jogo social, político, econômico, pedagógico?

Este livro se propõe a estudar essas questões e algumas outras e, indo além de certos tabus que cercam a cultura geral, dedicar-se ao exame crítico dessa ideia, de sua natureza, de seus usos e funções; tudo isso no momento em que, é preciso admitir, ela está sendo, paradoxalmente, tanto reivindicada como atingida por grande suspeição.

De imediato, adiantemos o seguinte. A cultura geral não é a cultura dos antropólogos ou dos sociólogos, ao menos na medida em que eles entendem por cultura aquilo que adquirimos pelo simples fato de pertencermos a uma sociedade específica — desde nossas maneiras de comer ou nos vestirmos até a língua que falamos, passando por valores e hábitos —; tampouco é a cultura específica e especializada que adquirimos pela educação — os saberes e a cultura possuídos por um engenheiro, por exemplo.

Mais que isso, ela aspira a ser esse conjunto comum de referências que adquirimos indo ao museu, ao concerto, lendo, e sobretudo, talvez, concluindo a escolaridade básica: aqui seu conceito toca o da educação. Nesse sentido, a cultura geral é filha distante da *paideia* dos gregos, da *puerilis institutionis* dos romanos, das humanidades de ontem e da educação liberal de hoje, de todas essas coisas que não perderei tempo em explicar já que todos, possuindo ainda que só um pouco de cultura geral, conhecem muito bem.

Tão frequentemente evocada, reivindicada ou exigida, a cultura geral também se tornou suspeita: seu conteúdo impreciso parece indeterminável, e assim ela se vê, tal como a ideia de educação, em estado de perpétuo questionamento.

Portanto, importa decidir se o ideal que ela pretende encarnar pode ser mantido e, em caso positivo, em que condições. Para isso, façamos o balanço das recriminações que lhe foram dirigidas e indaguemos se é possível redefini-la, levando em conta certas críticas.

Para começar, lembrarei o pesado rol de acusações que é possível contrapor à ideia de cultura geral. Em seguida, me esforçarei em propor um conceito de cultura geral que penso mereça ser defendido. Mas o farei, pelo menos espero, sem ingenuidade, consciente dos limites do projeto e preocupado em inscrevê-lo numa perspectiva orgulhosamente reivindicada: a de um progressismo político que nada renega dos ideais das Luzes nem desse anarcossindicalismo caro a este vosso criado.

Vamos?

1

MAS ENTÃO, VOCÊ QUER QUE EU SEJA CULTO?

18

— Li *As Bucólicas, As Provinciais, Os Miseráveis, Os Iluminados, As Diabólicas, Os Desencantados, Os Desenraizados, Os Conquistadores, Os Indiferentes...*

— E o que se deve ler agora?

— *Os Chatos*, a gente tem que ler de acordo com a sua época!

Jacques Prévert, *Entrevista.*

Portanto, se estou entendendo bem, trata-se de me dar uma cultura geral. Pois é, arriscando-me a chocá-lo, tenho um monte de objeções a fazer a esse projeto.

AMBIÇÕES EXAGERADAS

A primeira é seu exagero. Pois a ouvi-lo, essa cultura seria geral! Geral. Nada menos.

Uma cultura, creio, que conteria um pouco de tudo o que há para se saber, para se conhecer e, espero, para se gostar, de tudo um pouco, cruzes!

Uma ambição tão genérica como essa é, ousemos dizer, bem específica...

E para falar a verdade, pensando bem, o projeto tem tamanha amplidão que dá vertigem e logo se torna suspeito. Pior: sem a menor dúvida, esse suspeito é culpado, culpado de mania de grandeza.

Basta pensar, num abrir e fechar de olhos, em tudo o que se poderia legitimamente exigir que fosse incorporado ao grande exército da cultura geral.

Senão vejamos.

A pintura de todos os tempos, é claro; e a música de muitos lugares, é evidente; a dança de ontem e de hoje, sem dúvida; o cinema, desnecessário dizer; a literatura... que digo: as literaturas; e além disso, as ciências, humanas e outras, cuja nomenclatura lhes poupo, mas garanto que há muitas; e sei lá mais o quê.

Alucinante inventário. Socorro! Ajudem-me! Prévert!

Porém, dito isso, as lacunas de cultura geral de todos e todas logo se revelam inevitáveis, automáticas, necessárias, programadas de antemão, e portanto são coisas que não devem melindrar ninguém, e que até convém perdoar, mesmo num secretário de Estado. Taí, tomemos ao acaso: vocês conhecem Frederick Douglass? Ah! Que falta de cultura geral! Segundo minha humilde opinião, isso é ainda bem mais grave do que não ter lido *Zadig et Voltaire*! Mas os desculpo e perdoo, mais ainda porque eu, como qualquer um, também tenho necessariamente lacunas de cultura geral pelo menos tão graves, e até piores.

E não é só isso. Pois com certeza todos admitirão que uma cultura geral exaustiva é impossível, que nós nos esforçamos sem jamais conseguir sermos perfeitamente cultos, e que qualquer ambição de cultura geral é construída a partir de escolhas: escolher entre todos os livros, todos os saberes, todas as ideias e todos os conteúdos culturais.

Mas escolher também é excluir: *Omnis determinatio est negatio*, como se diz desde a Idade Média, quando se tem certa cultura geral. Ora, justamente, e conforme veremos, o que é excluído é muito significativo do que é visto como constituindo a cultura geral, e talvez até mais significativo do que é escolhido para compô-la.

ESCOLHAS REVELADORAS: TENDÊNCIAS E EXCLUSÕES

O que são essas exclusões, o que é silenciado: agora, pelo menos parte disso costuma ser admitida e reconhecida, assim como também se admite e reconhece o que esses silêncios ensinam sobre nós mesmos. Lembremos certas linhas gerais dessas argumentações que já nos são familiares.

Vivemos em sociedades de classe e essas exclusões trazem sua marca: elas são classistas.

Vivemos em sociedades em que se impõem poderosas e persistentes divisões e discriminações de sexo: e essas exclusões são sexistas.

Vivemos em sociedades perpassadas por profundas e em geral imperceptíveis divisões e discriminações de raça (ou melhor, do que é visto como tal): e essas exclusões são racistas.

Essas exclusões também tendem, especificamente, a operar com maior ou menor sutileza em benefício da supervalorização do lugar e da importância das realizações do Ocidente: nesse sentido, são ocidentalocêntricas.

Por fim, vivemos em sociedades nas quais o pertencimento a uma sociedade e à sua cultura tende a ser pervertido, glorificado e instrumentalizado, em especial pelo Estado: e essas exclusões costumam ser nacionalistas no pior sentido da palavra e, para resumir, etnocêntricas.

Retomemos tudo isso, sucessivamente.

CULTURA GERAL: CULTURA DOMINANTE?

Acaso a cultura geral que geralmente se promove não é, de fato, uma cultura geral em que as realizações da cultura popular são arbitrariamente ignoradas, e até desprezadas? Por exemplo, é possível alguém se vangloriar de reler Voltaire o tempo todo, mas ninguém se vangloria de gostar loucamente de uma telenovela; e isso mesmo quando não se lê praticamente nada de Voltaire, a não ser *Zadig*..., e quando coisa alguma justifica a inclusão de um e a exclusão da outra.

Entre cultura erudita e legítima e cultura popular e ilegítima, às vezes a linha é sutil e seu traçado pode, é verdade, variar com o tempo: mas essa linha, que não parece requerer nenhuma justificação, existe indubitavelmente, e seu reconhecimento instintivo é um marcador que permite reconhecer a posse de uma verdadeira cultura geral. Assim, ser culto no sentido em que se costuma entender é poder falar sem embaraço de Bach, dos museus e de Picasso; é poder manifestar sem reserva seu amor pelo jazz e por Molière; é relembrar os Beatles, com todo o rigor — pelo menos em certos meios, que você saberá farejar quando tiver, enfim, a cultura geral que convém; mas nunca, jamais, em nenhuma hipótese, proclamar seu afeto, digamos, pela cantora Dalida; ou pelo cinema e teatro populares; e assim por diante.

Aliás, ficamos tentados a dizer que não são tanto os saberes relativos a certos conteúdos culturais que caracterizam o detentor de cultura geral, e sim essa segunda natureza que faz com que ele saiba de imediato o que é o que não é apropriado. Essa segunda natureza nos ensina a como nos comportarmos em sociedade. Graças a ela, se pelo menos você adquirir cultura geral, logo saberá se é permitido ou não falar de futebol nesta ou naquela companhia, e o que convém dizer a respeito onde for possível mencioná-lo; também saberá, na ponta do cérebro, se assim posso dizer, o que se deve pensar sobre os filmes de Woody Allen e os *westerns spaghetti*, quer você goste deles ou não, conheça ou não uns e outros, pouco importa. Ora, essas proibições e esses sinais verdes, esses terrenos minados e esses por onde, ao contrário, é bem visto e até recomendado passar, tudo isso é essencialmente balizado pela divisão da sociedade em classes, de modo que adquirir cultura geral é dotar-se das referências e da sensibilidade que permitem ou não, instantaneamente, se reconhecer nela e sentir-se como que em casa. O sociólogo Pierre Bourdieu chamou de *habitus* essas segundas naturezas adquiridas, lembrando justamente a que ponto são diferenciadas de acordo com as classes sociais.

Em suma, você sempre saberá de imediato, se for culto, o que é preciso dizer, sentir e pensar sobre uma profusão de assuntos. O indício de que tem cultura geral seria então — curioso paradoxo — o fato de que ela o dispensa de pensar...

O que disso resulta é bem conhecido, mas tem consequências tão pesadas que merecem ser lembradas. Para os membros das classes sociais cujas normas e referências são valorizadas — por eles próprios e pela autoridade decorrente do lugar e do estatuto que ocupam na sociedade —, o processo de aculturação é relativamente fácil, quase natural, e até reforça neles a ideia de que a ordem do mundo é justa, coerente e reflete valores universais. A cultura geral, cuja posse constitui um precioso capital, lhes é assim imediatamente familiar, e todas as pesquisas sociológicas confirmam que ali eles se sentem em casa — e, de fato, a coisa se passa na casa deles! — sem esforço nem mérito verdadeiro.

Mas para os outros, a aquisição dessa cultura geral que, no fundo, lhes é alheia, é uma forma de dolorosa alienação, de abjuração de parte de si e de seus pertencimentos. Adquiri-la é tornar-se outro e renegar parte de sua identidade. Não conseguir, em contrapartida, é ser levado a atribuir o fracasso às próprias carências e reconhecer a inferioridade de sua cultura original: essa terrível dupla pressão, da qual inevitavelmente se sai perdedor, espreita quem se situa do lado errado da cerca da cultura geral.

O caráter classista dos conteúdos culturais, a arbitrariedade de sua escolha, o papel que representam na reprodução das desigualdades sociais, tudo isso constitui uma primeira razão, válida até prova do contrário, para se demonstrar grande desconfiança por essa cultura geral.

Não é a única, nem de longe.

A OUTRA METADE DO PLANETA...

Considerem por um instante o seguinte: Claude Lévi-Strauss, ilustre etnólogo como se sabe, descreveu uma aldeia da qual todos os adultos homens estavam ausentes como se tivessem... desertado. A julgar por essa descrição, quando um só gênero (lhe) falta é que, em suma, tudo está despovoado.

Sem dúvida, e devido ao imenso trabalho feito pelas feministas, uma observação dessas choca, hoje, a maioria de nós; agora, tudo o que ela pode ter de discriminatório nos salta aos olhos. Mas esse exemplo também nos lembra que a cultura erudita, assim como nossa cultura no sentido amplo e como a cultura geral que ela promove, tenderam — e ainda tendem — a excluir as preocupações, os interesses e as realizações da metade feminina da humanidade.

Esse viés é grave e imperdoável. É o indício da existência, no seio de nossa cultura — digamos mais uma vez: seja erudita, popular ou geral — de uma espécie de ponto cego que proíbe ver certas coisas e não permite que outras sejam vistas por ângulos diferentes. E até mesmo a linguagem com que nos expressamos reveste-se de tendências sexistas. (Aqui não é lugar para abrir o vasto processo da feminilização dos textos, em que ainda há tanto a realizar; digamos simplesmente que o fato de que seja preciso escrever: "Cem mulheres e um porco mortos em incêndio" continua a ser muito deprimente, seja qual for o nível de cultura em que isso é dito.)

Assim que se toma consciência dessas tendências, adivinha-se sem dificuldade a amplidão do trabalho que as feministas atuantes nas disciplinas tradicionais — nas humanidades, na literatura, em suma, em qualquer lugar — tiveram e ainda têm de realizar.

Por exemplo, precisaram mostrar como os pontos cegos androcêntricos produziram uma visão parcial e partidária dos objetos de estudo das disciplinas tradicionais, ocultando parte significativa da experiência humana. Para elas — e em certos raríssimos casos, igualmente para eles — se tratou também de redescobrir todo um lado das tradições intelectuais ou disciplinares que estavam mais ou menos ocultas. Por fim, tratou-se de produzir conceitos permitindo dizer o que até então fora silenciado.

Sem dúvida, concordo que esse trabalho foi feito; mas continua longe de estar completo e, mais ainda — é aonde quero chegar —, de dar frutos na árvore da cultura geral. É claro que Simone de Beauvoir é hoje um nome indispensável, o que é ótimo. Mas continua a ser tristemente verdadeiro precisarmos descobrir de forma coletiva a imensidão das realizações femininas, enterradas sob séculos de sexismo.

Assim, a cultura geral que hoje se promove nos fará, como convém, descobrir Claude Lévi-Strauss; mas pouco ou nada conheceremos de tantas mulheres cujas contribuições para a vida do espírito e para o tesouro de experiências e de saber comuns da humanidade mereceriam igualmente figurar em qualquer cultura geral digna do nome. Daí resulta que toda uma parte da experiência humana permanece oculta.

Essas tendências sexistas são comprováveis, inegáveis e verificáveis por qualquer pessoa de boa-fé. E está claro que argumentação semelhante à que acabo de expor a respeito das mulheres poderia ser apresentada sobre os homossexuais, as lésbicas, os transgêneros e suas experiências e contribuições para o patrimônio comum.

Aí está, parece-me, outra razão, igualmente válida até prova do contrário, para tratar com desconfiança essa cultura geral que pretendem me dar.

NORMAL... BRANCO, ORA BOLAS!

Sei muito bem e folgo em saber: em nossas sociedades, pelo menos na maioria dos meios sociais, o racismo é agora totalmente inaceitável.

Mas o que tenho em mente é algo mais sutil do que esse racismo corrente perceptível de imediato e que todos, ou quase, agora condenam. Esse racismo é, justamente, cultural. Está longa, sutil e dolorosamente inscrito na história da civilização ocidental (à pergunta: "O que pensa da civilização ocidental?", Gandhi respondeu que seria uma boa ideia...), e até em sua cultura e na representação que aí se faz da cultura geral. É feito do racismo ordinário de seus grandes pensadores, de Hume a Kant, de Hegel a Voltaire, passando por vários outros; é feito de conquistas genocidas às quais serviu de justificação; é esse tabu que faz com que ainda hoje não se ouse encarar serenamente ou discutir o ressarcimento pela França da terrível dívida que impôs ao Haiti, e que tanto contribuiu para a riqueza francesa; é feito da elaboração de perfis raciais; das persistentes desigualdades escolares para os filhos das minorias "visíveis"; e de mil outras coisas, que agem de maneira complexa e sutil, e mesmo quando as instituições legais, educacionais, políticas ou econômicas as proíbem formalmente, atuando em função de diferenças culturais reais mas também imaginadas ou construídas, e que são outras tantas racionalizações de estatutos ou de tratamentos injustamente diferenciados.

Se o que precede é exato, como penso, duas grandes séries de consequências daí decorrem para a cultura geral.

Por um lado, mais uma vez é possível presumir que sua definição ocidentalocêntrica, se podemos dizer, excluirá arbitrariamente uma parte da experiência e dos saberes da humanidade. Na hora da globalização, onde estão as realizações das outras culturas nessa cultura geral? A matemática árabe? A música africana? As práticas políticas ameríndias? Como se fala de Cristóvão Colombo por lá? O fato de que o dia que lhe é consagrado seja, para todos os efeitos, uma data maldita na América Latina — e por que isso ocorre — é um componente disso? Como o papel da França, assim como o do Canadá e dos Estados Unidos, no golpe de Estado que expulsou o presidente Aristides do Haiti é explicado?

Os silêncios dessa cultura geral centrada no Ocidente, como vemos, estão longe de ser inocentes e sem consequências: ao contrário, é de temer que sejam o apoio prévio e indispensável à continuação do imperialismo.

Por outro lado, todos e todas que não pertencem à cultura dominante e valorizada viverão seu percurso de aculturação de modo bem diferente dos que fazem parte dela. Jane Roland Martin, filósofa contemporânea que se ocupa da educação, oferece uma impressionante descrição disso ao comentar a autobiografia intelectual de Richard Rodriguez (*Hunger of Memory*, 1983). Esse americano de origem mexicana e hispanófono obteve uma bolsa de estudos que lhe permitiu frequentar a universidade de Stanford e, depois, fazer um doutorado em estudos ingleses. Ora, dos pontos de vista social, político, econômico e educacional correntes seu percurso foi um êxito exemplar, mas do ponto de vista pessoal também foi, como ele conta, o de uma perda, de um luto, em suma, de uma dolorosa separação de sua comunidade, de sua cultura, de sua língua, de sua família e das maneiras de pensar, agir e sentir que eram as suas. Rodriguez relata como chegou até a desejar esquecer que possuía um corpo, pois esse corpo é marrom. E, no final, dirá que só consegue existir como indivíduo privado e isolado, sem laço orgânico com seu grupo étnico, sua classe social e a própria família.

Eis mais um conjunto de razões que também me parecem válidas, até prova do contrário, e que justificam que se veja com desconfiança essa cultura geral de que pretendem me dotar.

SOB VOSSAS BANDEIRAS!

O argumento é tão simples que não merece que lhe dediquemos uma longa apresentação.

Essa cultura geral, já está claro, deve atribuir parte significativa às realizações e aos feitos da cultura nacional, de seus escritores, sábios, historiadores, políticos, seus combates e vitórias. Mas é de temer, por um lado, que atribua espaço exagerado às suas contribuições para nossa comum humanidade; por outro, e sobretudo tendo a história mostrado fartamente a quem quer ver a inegável legitimidade dessa desconfiança, que ela não manifeste recuo crítico em relação a si mesma, apelando para critérios e normas de avaliação que lhe confiram um tratamento preferencial. Esse gênero de tendência se encontra no caso de realizações intelectuais, científicas e artísticas, em suma, em todo o leque da vida do espírito. Mas também ocupa o terreno político e histórico.

É assim, por exemplo, que os crimes dos outros Estados são julgados como tais em nome de critérios cuja validade não nos parece problemática. Mas quando se trata de nossos próprios crimes, omitimos depressa esses critérios ou os julgamos pouco satisfatórios porque, então, considerações de todo tipo nos parecem limitar seu alcance. Em que resultaria uma aplicação serena e imparcial das normas jurídicas exibidas em Nuremberg aos conluios dos chefes de Estado ocidentais desde 1945?

Esses vieses, nacionalistas e etnocêntricos, percorrem todas as culturas e nada autoriza a supor que nossa cultura dita geral esteja isenta.

Se me perguntarem o que eu temo, contarei de bom grado um exemplo muito pessoal. Este ano tive ocasião de visitar o vilarejo mártir de Oradour-sur-Glane. É um espetáculo terrificante e desolador que se oferece ao visitante desse pequeno vilarejo do Limousin, cujos habitantes foram, em junho de 1944, sistematicamente exterminados pelos Waffens ss. Conservaram-se preciosa e piedosamente as ruínas de tudo o que foi o vilarejo. Vemos os orifícios deixados pelas balas nos restos dos muros, carcaças de automóveis e objetos banais da vida cotidiana que testemunham as 642 vidas que pararam brutalmente naquele lugar, naquele dia fatal de junho de 1944. À entrada do local, escritores e poetas nos repetem: "Oradour, lembra-te", instando-nos a que nunca mais um crime desses se repita.

Mas a França cometeu crimes semelhantes na Argélia, poucos anos mais tarde..., e depois em vários outros lugares. É muito duvidoso que eles tenham recebido e recebam tratamento idêntico e sejam julgados pelos mesmos critérios.

Quem, então, me contará a segunda metade do século xx, a fim de completar minha cultura geral? Ou a colonização? Ou, por motivos de todo tipo que vocês imaginarão facilmente, a Guerra Fria, o conflito israelo-palestino, o envolvimento do Ocidente na recente guerra civil líbia, e mil outros assuntos?...

Até aqui sugeri que a cultura geral transmitida traz, inscritas a ferro em sua carne, as múltiplas marcas da exclusão, da opressão e da dominação, sendo alguns de seus nomes os preconceitos de classe, o sexismo, o racismo, o elitismo, o ocidentalocêntrico e o etnocentrismo.

Ora, não faz muito tempo os *campi* americanos encarnaram de modo exemplar a importância dessas sugestões e evidenciaram seu caráter eminentemente polêmico. É o que agora desejo lembrar.

A CONTENDA EXEMPLAR DO CÂNONE

Contenda do Cânone? De fato, foi sob esse nome que uma verdadeira guerra se travou nos *campi* americanos durante os dois últimos decênios do século passado, uma guerra que se referia, justamente, a uma parte da ideia que se pode ou se deve ter da cultura geral e da educação. Seu nome vem não do fato de ter sido travada com canhões, mas com o "Cânone" — entenda-se: o conjunto de obras de teor essencialmente filosófico, literário e político que definem a cultura geral.

Ora, seu *corpus* tradicional foi caluniado de todos os lados, justamente pelas razões que evoquei. O momento, disseram então seus críticos, era de redefinição e de profunda transformação, e graças a isso trataram de abri-lo às vozes que tinham sido abafadas. Os defensores do Cânone, por sua vez, ofenderam-se com o que julgaram ser ataques intoleráveis e injustificáveis contra um conjunto de textos cujo alcance universal e valor lhes pareciam demonstrados tanto por seu caráter intrínseco como por terem resistido tanto à prova do tempo.

Como assim?, indagaram estes últimos. Então seria preciso, por causa do elitismo de Platão, retirá-lo do Cânone, ou pelo menos reduzir o lugar que ocupa? E seria preciso fazê-lo em benefício da autobiografia, provavelmente ditada, de uma camponesa guatemalteca, porque ela não sabe ler nem escrever?

A contenda do Cânone costumava chegar aos ouvidos do público pelo escândalo midiático desse autêntico *affaire*, e nesses termos pouco atrativos. Mas se formos além de uma certa verborragia demagógica, ela nos dá a entender esses prementes pedidos de abertura da cultura geral, mais ainda se logo esclarecermos que a camponesa é Rigoberta Menchú, futura agraciada com o prêmio Nobel da Paz (1992), que lhe foi atribuído "em reconhecimento ao seu trabalho pela justiça social e pela reconciliação etnocultural baseadas no respeito aos direitos dos povos autóctones", e que o debate relativo à leitura de sua autobiografia ocorrera na universidade de um país que desempenhara, decênios a fio, um papel de primeiríssimo plano nas inúmeras atrocidades cometidas no continente de onde vem a senhora Menchú, testemunha ou vítima de muitas delas.[a]

As críticas legítimas que se podem fazer à ideia de cultura geral não se limitam, porém, aos vieses e exclusões que acabo de citar, por mais importantes que sejam.

De fato, tal como a concebemos usualmente, a cultura geral continua a ser literária e humanista, no sentido em que se entende a palavra desde o Renascimento. Nisso, é culpada por outra série de graves omissões, que lhe tiram qualquer pretensão a ser de fato geral, devido ao pouco espaço que dá às ciências empíricas e experimentais. Chegou a hora de nos determos nisso.

E AS CIÊNCIAS, ENTÃO?

É preciso sublinhar insistentemente: desde os debates sobre as células-tronco, até o do aquecimento global, passando pelas atuais disputas sobre a pertinência da exploração do gás de xisto — e várias outras —, nossa civilização está por todo lado confrontada com problemas sociais, políticos e econômicos que exigem, para serem pensados com

a Para saber mais ver site http://www.revistaforum.com.br/idelberavelar/2011/04/04/as-origens-da-expressao-politicamente-correto/. [N. E.]

lucidez, conhecimentos científicos e tecnológicos sem os quais é rigorosamente impossível a pretensão de possuir uma cultura geral digna do nome. É preciso dizer: encarar hoje a cultura geral sem admitir como uma obviedade que ela comporta uma sólida cultura científica é algo que me parece propriamente irreal.

Essa crítica já é antiga e infelizmente há muito pouco a mudar na argumentação que, a esse respeito, apresentou Charles Percy Snow (1905-80) numa famosa conferência proferida em Cambridge no dia 7 de maio de 1959 e publicada sob o título de "As duas culturas". Que me permitam retomá-la brevemente.

Snow era um cientista e um romancista, e portanto ninguém melhor que ele poderia apoiar a tese que é a sua, a saber, que a cultura literária e a cultura científica são como dois continentes isolados cujos habitantes não mantêm nenhuma comunicação entre si. Assim, os cientistas ignoram o mundo das letras e das humanidades, ao passo que os literatos não sabem praticamente nada do mundo das ciências.

"Com muita frequência — escrevia Snow —, vi-me em companhia de pessoas que são consideradas, segundo as normas habituais da cultura, muito instruídas e que, tendo nisso grande prazer, me comunicaram sua estupefação diante da ignorância da literatura que descobriam nos cientistas. Provocado dessa maneira, aconteceu-me algumas vezes perguntar a essas pessoas quem estaria em condições de explicar a segunda lei da termodinâmica. A pergunta era recebida por um silêncio glacial e a resposta era: ninguém. No entanto, o que eu perguntava era o equivalente para a ciência da seguinte pergunta para a literatura: 'Já leu uma obra de Shakespeare?'"

Voltando mais tarde a esse trecho, ele acrescentou: "Penso agora que, se eu tivesse feito uma pergunta mais fácil – como: 'Explique o que entende por massa ou aceleração', o que é o equivalente científico de: 'Sabe ler?' –, não haveria mais de uma pessoa em dez, entre aquela gente muito instruída, para pensar que falávamos a mesma língua. E é assim que, enquanto se ergue o grande edifício da física moderna, a maioria das pessoas mais brilhantes no mundo ocidental possui em relação a isso um nível de compreensão comparável ao de seus ancestrais do neolítico".

Se essa tese permanece correta, como penso, significa que um número considerável de pessoas não tem cultura geral, não só porque, como afirmei, o que se entende por essa expressão limita-se, no mais das vezes, a uma cultura literária e humanista à qual falta cultura científica para ser uma verdadeira cultura geral, como também porque os que possui essa cultura científica só tem, por sua vez, pouca cultura literária e humanista.

Entre as ciências cujo conhecimento é indispensável para quem quer possuir cultura geral, há uma, em que gostaria de insistir, que deve ocupar um lugar à parte. Não é empírica nem experimental, como as que acabo de mencionar: trata-se da matemática, como se terá adivinhado.

UM ESCANDALOSO "INUMERISMO"

Convido-o a tentar a seguinte experiência com seus conhecidos.

Tomemos, diga a eles, uma folha de papel de formato comum. Pode-se combinar que ela tem um décimo de milímetro de espessura. Dobre-a ao meio e explique que agora tem em mãos um caderninho composto de duas folhas e quatro páginas, o qual tem, portanto, dois décimos de milímetro de espessura.

Faça em seguida mais uma dobra e observe que seu caderninho tem agora quatro décimos de milímetro de espessura. Em seguida, desdobre lentamente o caderno para voltar à folha inicial. Enquanto isso, diga: "Como pode ver, cada dobra não me tomou mais de um segundo, de modo que se eu tivesse continuado por um minuto certamente poderia ter feito, digamos, cinquenta dobras. Mas não quero que você perca tempo com isso".

Faça logo depois a seguinte pergunta: "Suponhamos, porém, que eu tivesse continuado até cinquenta dobras, qual seria a seu ver a espessura do caderninho que eu teria confeccionado diante de seus olhos em menos de um minuto?”

As respostas variarão muito, mas você terá, tipicamente, as seguintes: cinco centímetros (cinquenta vezes um décimo de milímetro!); vários centímetros; um metro; vários metros; e aqueles que desconfiarem, com razão, da velocidade em que crescem essas progressões chamadas geométricas, farão estimativas mencionando “a altura de um prédio”, e até mais alto.

Mas poucos vão imaginar o resultado a que se chegaria caso se conseguisse realizar essa experiência — o que é impossível tendo em vista que depois de sete ou oito dobras é fisicamente impraticável prossegui-la. O resultado? 122 milhões de quilômetros! Algo como dois terços da distância entre a Terra e o Sol!

Esse resultado mostra muito bem a extraordinária velocidade dessas progressões em que, a cada vez, se multiplica por dois o resultado.

Desconfio que muita gente falharia nesse pequeno teste: sofrem de um mal a que chamo de inumerismo, que é uma espécie de equivalente para os números, e mais geralmente para a matemática, do bem conhecido e deplorável iletrismo. Porém, o inumerismo tem a peculiaridade de não parecer vergonhoso para todos e todas que dele padecem. Melhor: quase se gabariam do mal. Por pouco, a frase “Eu, de matemática, nunca entendi nada”, seria dita com um toque de orgulho, e até mesmo proferida como um título de glória.

Desnecessário dizer que se o lugar ocupado pelas ciências na concepção usual da cultura geral é bem diminuto, o que é atribuído à matemática é quase inexistente. Que pena! Como pretender ser culto quando se sofre de inumerismo? Ignorar o que são, digamos, um modo, uma média, um desvio padrão, equivale a não saber o que são um soneto, uma novela ou um editorial.

A cultura geral especificamente promovida é, portanto, não apenas repleta de vieses e exclusões, mas também repleta de buracos que contribuem para torná-la ainda menos atraente.

E não é só isso. Pois uma parte do que oferece até seria, em muitos aspectos, eu ousaria dizer..., bem pouco atraente.

PEDANTES E CHARLATÃES

"Quando alguém se gaba de compreender e explicar os escritos de Crísipo, diz para ti mesmo que, se Crísipo não tivesse escrito num estilo obscuro, aí não teria por que se gabar", dizia Epicteto. Em todo caso, admitamos que podemos facilmente entender por que existe uma longa tradição que tomou o partido de zombar dessas encarnações típicas do detentor de cultura geral que são o filósofo, o intelectual e, em nossos dias, o pensador midiático. Julguem vocês mesmos.

Um filósofo, um cabeleireiro e um calvo, viajando por uma região pouco segura, combinam montar guarda alternadamente. O cabeleireiro é o primeiro a se postar no local e, para pregar uma peça no filósofo, raspa seu crânio. Acordado para montar guarda, este toca a cabeça e exclama: "Esse imbecil do cabeleireiro se enganou: acordou o calvo!" Essa piada data... da Antiguidade.

Aí podemos ver a pobreza da cultura popular de antigamente, que prefigurava a de hoje; julgaremos demagógico afirmar o contrário. Mas sem glorificar de modo nenhum o anti-intelectualismo primário, convém fazer um esforço para ler o que há de correto no que aqui se exprime: um incômodo, por vezes justificado, diante da autossuficiência, da arrogância, da vaidade, das poses e da presunção.

E que ninguém acredite que pensadores dignos do nome não tenham partilhado esse ponto de vista expresso pela crítica popular.

Montaigne, no Renascimento, também escarnece de modo exemplar e um bocado divertido desses tolos e pretensiosos papagaios. "Conheço um — diz ele — que, quando lhe pergunto o que sabe, pede-me um livro para aí me mostrar; e não se atreveria a me dizer que tem o traseiro sarnento se não for de imediato estudar no seu Lexicon o que é sarnento e o que é traseiro" (Montaigne, *Ensaios*, Livro I, "Sobre o pedantismo", capítulo 25). E nos conta em seguida a saborosa história que se segue

— como gostaríamos de estar lá! "Vi em minha casa um amigo meu, às voltas com um desses, arremedar, à guisa de passatempo, um jargão de algaravias, frases desconchavadas, pedaços de trama relatados, salvo que a todo instante entremeava palavras específicas em suas argumentações, e assim divertiu durante um dia inteiro esse parvo, que sempre pensava estar respondendo às objeções que lhe faziam; e que era homem de letras e de reputação, e vestia uma bela toga."

Por sua vez, no século XX Bertrand Russell dirá admiravelmente, como tantos outros antes e depois dele: "Os seres humanos nascem ignorantes mas não estúpidos, é a educação que os torna assim".

O linguista e filósofo Noam Chomsky foi talvez quem identificou, com a maior acuidade, outros aspectos desse fenômeno sobre o qual quero me deter. Em síntese, diz ele, os intelectuais — essa palavra devendo ser entendida como designando certas pessoas que trabalham com as humanidades, os jornalistas e, de modo mais geral, os que intervêm para comentar a atualidade dos processos sociais, políticos e econômicos de interesse comum e que possuem meios de ser ouvidos pelo público — têm um problema: o de justificar sua existência. Ora, ele prossegue, ocorre que essa justificação passa por uma abusiva e artificial complexificação do propósito, destinada a mascarar sua vacuidade. Essa tendência, compreende-se, espreita a cultura geral.

As palavras de Chomsky podem chocar. E é preciso reconhecer que ele não foi delicado com os intelectuais, mais especialmente com os franceses, acusados de personificar em nível raramente alcançado os defeitos que ele denuncia. Por exemplo, segundo Chomsky, Jacques Lacan é um mero charlatão consciente do papel que representa, e que escarnece do meio intelectual parisiense a fim de ver até que ponto pode apresentar absurdos sem deixar de ser levado a sério. Quanto à leitura de *Gramatologia*, de Jacques Derrida, ela o deixa pasmo pela pobreza da argumentação e pelo desprezo às normas acadêmicas, até mesmo às simples normas intelectuais com que Chomsky diz estar familiarizado desde a infância. E esses dois estão entre os intelectuais franceses do movimento pós-modernista que ele, ainda assim, considera que merecem ser lidos: os outros, acrescenta, ao menos os que admite conhecer um pouco, não têm a seu ver sequer um mínimo de seriedade.

Ainda não disse nada sobre esse singular totemismo que afeta as pessoas dotadas do que chamam de cultura. Aqui está uma amostra, redigida por um *foucaultlatra*: "Conta-se que Foucault teria dito, quando lhe propunham chamar Deleuze: 'Já não nos vemos'. A frase talvez seja apócrifa, mas isso não tem importância; muitas histórias sobre os filósofos antigos também são apócrifas, como inventadas sob a poeira da verdade que atravessava suas obras. É o caso, creio, dessa fórmula, 'Já não nos vemos', muito bonita porque não dá, com a distância, nenhum outro sentido além daquele de uma percepção que se tornou turva, de uma invisibilidade recíproca (já não se 'veem' porque nenhum se *vê* mais), de um desaparecimento em certo sentido inteiramente realizado, em outro sentido perfeitamente anulado: pois o fim de uma intimidade é antes de tudo a perda de um certo modo de desaparecer, a dois, diante dos olhos do mundo, ou de se tornarem, juntos, incompreensíveis" (Philippe Artières e Mathieu Potte-Bonneville, *D'après Foucault: gestes, luttes, programmes*, Paris, Les Prairies Ordinaires, 2007, vol. I, p.6).

Imagina-se um torcedor de futebol falar desse jeito sobre seu jogador preferido? Raramente ele cairia tão baixo, parece-me. E além do mais, ele se esforçaria para justificar o que expõe com fatos e argumentos, mostrando-se assim mais intelectual que o suposto intelectual em êxtase contemplativo que, dali a pouco, irá denegri-lo.

Portanto, pensando bem, não é melhor rir desses patetas que, mais do que possuírem cultura, estão antes possuídos por algo a que chamam de "cultura", mas que não passam de fiapos de informações, de *habitus* e de poses? Rir de todos esses patetas cultos, cegos para as próprias insuficiências, elitistas, dominadores, às vezes idiotas, sendo que alguns ainda justificam todos os crimes dos poderes a que servem e têm a inconcebível petulância de pretender nos dizer o que deveríamos pensar?

NO ENTANTO ...

Mas para saber tudo isso, para expressar essa recusa, todas essas dúvidas e críticas que acabo de expor... Não é preciso já possuir (ou aspirar a) uma certa cultura, talvez não a que rejeitamos em nome dessas dúvidas e críticas mas, mesmo assim, uma certa cultura? E, mais ainda, uma certa ideia dessa cultural geral, do gênero daquela que não procuraríamos se, em certo sentido, já não a tivéssemos encontrado?

E se fosse a partir daí, a partir do que fundamenta essas críticas, que conviesse pensar a cultura geral e articular uma concepção mais coerente, mais justa e defensável?

A aposta merece ser feita, o desafio merece ser enfrentado.

2

PENSANDO MELHOR... UMA DEFESA DA CULTURA GERAL

Retomemos, então, desde o início. E comecemos, se quiserem, pelo que me parece uma preliminar razoável: indaguemos, antes mesmo de tentar esclarecer seu conteúdo, o que é legítimo esperar da cultura geral. O que se visa quando se deseja a esse ponto divulgá-la? Por que é apreciada por tanta gente? Quais são seus esperados benefícios que a tornam tão preciosa para nós?

Proponho discutir em duas grandes categorias as legítimas esperanças que podemos depositar na cultura geral, convicto de que ninguém julgará polêmico o que exponho, e reconhecendo que as duas categorias não são totalmente estanques e não têm outra função além de ser úteis à reflexão.

Portanto, sugiro que os efeitos esperados da cultura geral se farão sentir, de um lado, no indivíduo que a possui, de outro, na comunidade a que ele ou ela pertence, e mais exatamente no tipo de vínculo que ambos mantêm com essa comunidade.

AS VIRTUDES DA CULTURA GERAL

Do lado do indivíduo — e aqui me inspirarei em reflexões de um filósofo da educação contemporâneo, o britânico

Richard S. Peters –, a cultura geral deveria exercer em quem a possui um conjunto de efeitos observáveis examinando-se simplesmente como essa pessoa leva a própria vida, a qual deveria, se podemos dizer, estar impregnada dessa cultura. É que a cultura geral adquirida não é em si letra morta, coisa inerte: é viva, atuante e transforma em profundidade quem a possui e em quem ela vive.

Para começar, a cultura geral deveria contribuir para a ampliação da perspectiva que ele ou ela tem do mundo e que lhe permite escapar do enclausuramento, geralmente tão pesado, do aqui e agora. Em suma, ao ampliar o círculo da experiência humana que nos tornamos capazes de captar, de compreender, e muitas vezes de amar, essa cultura geral é, como diz tão lindamente Renaud, tudo o que faz com *Que você possa viajar do seu quarto / Em torno da humanidade.*

Por isso, dá acesso, o que não é desprezível, a certos tipos de prazeres, divertimentos e atividades, agradáveis ou enriquecedores, que sem ela ficariam para sempre fora de nosso alcance.

Mas essa ampliação também tem, é preciso insistir, dimensões mais estritamente cognitivas. De fato, a cultura geral enriquece ao mesmo tempo nosso conhecimento do mundo e o vocabulário de que dispomos para descrevê-lo.

Essa multiplicação de perspectivas e esse enriquecimento cognitivo crescem o leque dos possíveis entre os quais conseguimos escolher e nos escolher, e assim contribuem para forjar a um só tempo nossa identidade e nossa autonomia.

Além disso, a cultura geral viva incita quem a adquire a organizar e sistematizar as diversas perspectivas do mundo a que tem acesso. Estas se comunicam entre si, se podemos dizer, e se enriquecem mutuamente. A compreensão da história, por exemplo, uma experiência viva e vibrante, que transforma, impregna nossa visão dos lugares, monumentos e ruas, também entra em relação com todas as outras perspectivas que temos do mundo, e sempre que for pertinente essa compreensão da história interagirá com elas, informando-as e enriquecendo-as, assim como também se informa e se enriquece.

Gostaria de fazer uma última observação, que me parece importante, relativa aos efeitos esperados da cultura geral sobre seus detentores: as transformações que ela de fato opera devem, presumivelmente, mudar para melhor quem a adquire.

Na verdade, é corrente pensar, e temos legitimamente razão de fazê-lo, que é melhor possuir a respeito do mundo uma pluralidade de perspectivas, em especial cognitivas, do que não possuir nenhuma — ou possuir menos; também é preferível ter condições de ligar entre si essas perspectivas a não tê-las; e assim por diante, para cada traço que caracteriza os detentores de cultura geral. Se mais adiante solicitarmos a quem defende essa ideia que a justifique, provavelmente ele ou ela dirá que esses juízos de valor decorrem da própria natureza do objeto considerado e, de certa forma, são uma obviedade. Seria até mesmo, acrescentarão, uma certa imbecilidade perguntar por que é melhor, por exemplo, conhecer a literatura francesa do que não conhecê-la: é melhor sem que seja preciso dizer por que, da mesma maneira que é melhor ter saúde do que estar doente, ser feliz do que infeliz.

Esses argumentos têm peso. Mas não deveriam nos impedir de tentar melhor captar as razões pelas quais pensamos que quem possui cultura geral mudou — ou pelo menos deveria ter mudado — para melhor. Ora, parece-me que isso decorre da suposta aquisição de certas virtudes (para retomar um termo antigo e fora de moda).

Entre essas virtudes, algumas me parecem capitais. Alargar as perspectivas, cognitivas e outras, que podemos ter sobre o mundo por meio da cultura, livrar-se dos acasos acidentais do aqui e agora que as acompanham, tudo isso deveria, na verdade, alimentar o reconhecimento da fragilidade e da falibilidade de nosso saber, de nossa insignificância individual face à extensão da experiência humana, das limitações e contingências de nossos julgamentos, sempre revogáveis, em suma, alimentar o que chamarei de certa "humildade epistêmica". Esta, em troca, nutre uma perpétua atitude crítica, que nada considera como sendo óbvio e examina sem cessar tudo o que se apresenta como verdadeiro ou estabelecido, e que por todo lado exerce essa atitude crítica, até sobre si mesma. Essas virtudes — humildade, falibilidade, perspectiva crítica — estão, a meu ver, entre as mais importantes, são talvez as principais virtudes que a autêntica cultura geral deveria proporcionar.

Essa imagem da pessoa culta me parece plausível. E atraente. Ela também ajuda a melhor compreender que aquilo que depreciávamos no capítulo anterior era menos a ideia de cultura geral em si do que algumas de suas realizações ruins e imperfeitas: a autossuficiência do pedante, que é o contrário da humildade epistêmica da pessoa educada; a ausência de vastas perspectivas cognitivas, que decorre de uma visão do mundo etnocêntrica, racista, sexista etc.; as carências de cultura geral, que são a ignorância das ciências e da matemática; o servilismo e a idolatria, que são a própria marca da ausência de espírito crítico.

Afirmei que os efeitos esperados da cultura geral se farão sentir não só na pessoa que a possui como na comunidade a que pertence. Chegou a hora de nos determos nisso.

CULTURA GERAL E VÍNCULO POLÍTICO

Na verdade, como duvidar que a vida política da comunidade — se ao menos a pensamos, como sugere John Dewey, segundo o modelo de uma vasta "conversa democrática" — tira necessariamente imensos benefícios do fato de que todos e todas que dela participam possuem as características e virtudes que acabamos de enumerar? Informados a respeito das questões de que falam, preocupados em ser informados quando não o são, ou não o suficiente, à escuta dos outros pontos de vista, em especial porque avaliam a imensidão de sua ignorância, capazes de multiplicar as perspectivas a partir das quais os problemas são pensados... Capazes, portanto, de levar em conta simultaneamente as dimensões históricas, econômicas, políticas e sociais de qualquer questão tratada, esses participantes da conversa democrática dão uma contribuição que *a priori* é a mais desejável. Sem estarem de todo imunizados — quem poderia se gabar de estar? — contra os charlatães e vendedores de ilusões, eles e elas são garantias contra o erro, o desvio e os desatinos coletivos de toda espécie.

Mas há algo ainda mais importante, e que nos leva ao que é, sem dúvida, um dos temas mais decisivos de nossa problemática, a saber, o fato de que uma cultura comum, graças à qual dispomos em particular de um vocabulário e de referentes comuns, é indispensável ao prosseguimento da conversa democrática e à própria constituição de um mundo comum.

Considerem uma simples frase como: "O segredo guardado sobre a natureza exata dos compostos utilizados durante a fraturação hidráulica poderia ser o calcanhar de

Aquiles da indústria do gás de xisto". Essa frase é incompreensível sem certas referências — científicas, culturais, econômicas, sociais — que a cultura comum fornece. O mesmo se dá com a seguinte frase, à qual voltarei: "Zippo ganhou graças a suas paragens de deslizamento a mais um".

Assim sendo, e se é que uma verdadeira conversa democrática é tão intimamente dependente de uma cultura comum, sua posse se torna, para retomar uma expressão de E. D. Hirsch — que forneceu o que considero a formulação mais convincente dessas ideias — nada menos que um verdadeiro "dever cívico dos indivíduos". Outro aspecto disso é que facilitar-lhes sua aquisição é um dever da coletividade com cada um e, mais em especial, com os que não dispõem em casa de um acesso sem entraves a essa cultura — o que é tipicamente o caso dos membros das classes mais pobres.

Ora, a ideia de que essa cultura comum é uma indispensável condição prévia à reflexão individual, à comunicação com o outro e à conversa democrática recebeu das ciências cognitivas apoio decisivo, que agora eu gostaria de relembrar — o que me permitirá retornar à frase sobre Zippo.

O NÚMERO MÁGICO

Façamos um recuo ao passado, mais exatamente ao dia 11 de setembro de 1956.

De fato, podemos datar desse dia o nascimento das ciências cognitivas, quando ocorre no Instituto de Tecnologia de Massachusetts, em Boston, uma reunião de especialistas sobre a teoria da informação da qual participavam, em especial, George A. Miller (1920-2012), Noam Chomsky (1928) e Herbert Simon (1916-2001).

O segundo apresenta aí suas ideias sobre a linguística gerativa formal, as quais irão, como se sabe, revolucionar a disciplina; o terceiro defende o projeto de simulação dos processos cognitivos por computador, que é o fundamento e o ponto de partida do ambicioso e influente programa de pesquisa de inteligência artificial. Quanto ao primeiro, expõe suas conclusões, agora clássicas, sobre a memória de trabalho e o que ele chama de "número mágico", a saber, sete, mais ou menos dois. É sobre esse número mágico que vou me deter um instante.

A grande descoberta de Miller é a seguinte. Temos acesso ao mundo via uma espécie de janela através da qual um número limitado de itens pode ser tratado: na verdade, calcula-se justamente que são sete, mais ou menos dois, o número de itens que pode conter essa janela, a qual chamamos de nossa "memória de trabalho". Depois disso, ficamos intelectualmente submergidos.

É óbvio que essa limitação seria catastrófica se nada possibilitasse superá-la — o que, pensando bem, fazemos correntemente. Na verdade, ela é superada por um processo que permite agrupar os itens para torná-los um só: é o que as ciências cognitivas chamam de *chunking* ou "agrupamento", que é a integração de dados numa entidade única de nível conceitual mais elevado, para fins de estocagem e extração. Ora, o que possibilita essa integração são justamente os saberes, esses "simples fatos" e dados memorizados e conhecidos, e que poderíamos ficar tentados a depreciar ao julgá-los pouco importantes.

Para entender isso, consideremos a célebre experiência feita nos anos 1960 por A. D. van De Groot, ele mesmo jogador de xadrez e interessado, justamente, na *expertise* nesse terreno. Mostra-se a jogadores de xadrez, por um curto instante (entre cinco a dez segundos), um tabuleiro com 25 peças arrumadas segundo a configuração possível de uma partida. Em seguida pede-se que reconstituam de memória o que viram.

Ocorre que as diferentes taxas de êxito nesse exercício são perfeitamente correlatas com o estatuto do jogador. Os grandes mestres nunca, por assim dizer, se enganam na reconstituição da partida; os jogadores um pouco menos classificados cometem certos erros; e assim por diante, até os novatos, que só colocam corretamente algumas peças.

Poderíamos pensar que os grandes mestres têm faculdades intelectuais extraordinárias — e que é o que os torna grandes mestres. Mas não é nada disso. A memória de trabalho dos grandes mestres é a mesma que a nossa. No entanto, eles têm acesso a um riquíssimo repertório de saberes — e conhecem uma profusão de posições possíveis durante uma partida — que lhes permite memorizar num piscar de olhos uma determinada partida. Quanto aos novatos, só repõem corretamente... entre cinco e nove peças: isso mesmo.

Em seguida, De Groot mostrou a seus jogadores as peças em posições aleatórias, isto é, não constituindo configuração possível de uma partida: como era de esperar, os próprios grandes mestres só repunham corretamente algumas peças. (Quantas? Entre cinco e nove, mas vocês já tinham adivinhado.) Esse tipo de experiência foi reproduzida inúmeras vezes e em vários campos (medicina, física, música etc.), apresentando sempre o mesmo resultado.

Disso decorre que, para pensar de maneira crítica e criativa em determinada questão, deve-se possuir um saber pertinente nesse campo que permita agrupar dados e superar as limitações de nossa memória de trabalho. E quando discutimos com outra pessoa, esse saber é inevitavelmente posto em jogo: se não o possuímos, ficamos mais ou menos excluídos da conversa democrática da qual não entendemos nem uma vírgula. Essas conclusões reforçam a ideia da necessidade de uma bagagem cultural comum, devido a razões intrínsecas, mas também políticas.

Portanto, mais uma vez, e tendo em conta objeções que fiz anteriormente contra essa ambição, com o que poderia se assemelhar uma verdadeira cultura geral?

Antes de falar disso, vocês terão entendido que o agrupamento por saberes prévios é a chave da misteriosa frase citada acima. Qualquer um que conheça equitação compreendeu que Zippo é um cavalo, que ele participava de um concurso de adestramento e que ganhou porque conseguiu fazer uma figura imposta especialmente bela, o que se percebe pelo modo de notação peculiar durante essas competições (mais um). Saber isso não é, com certeza, um componente indispensável a uma cultura geral digna do nome. Mas então, o que ela é? A pergunta permanece gigantesca e aterradora. Mas parece impossível dela se esquivar...

QUE CULTURA GERAL?

Se esperam que eu trace aqui um quadro relativamente completo da cultura geral como a concebo, ficarão decepcionados: não o farei. E se esperam que eu diga, como costuma ser o caso, que é por falta de espaço que não empreendo esse exercício, mais uma vez estarão enganados: não o farei simplesmente porque não me sinto capaz, pois não possuo as culturas especializadas necessárias.

Só uma coisa me parece relativamente clara: se, pelas razões que citei, a escolaridade obrigatória tem de fato como um de seus fins transformar, nas direções que indiquei, Liliane e todos os outros que completam seus estudos no liceu; se, além disso, a construção do vínculo político é outro objetivo da educação; e se, por fim, devido ao agrupamento e ao número mágico, não é possível dispensar uma lista dos conteúdos pelos quais se chega a essas finalidades, então a determinação exata dos conteúdos que definem a cultura geral deveria ser entregue a especialistas disciplinares, mas que estariam armados de princípios e de uma visão clara do que buscam realizar.

A esses especialistas e a quem se interessar pela reflexão coletiva sobre essa questão só posso oferecer certos princípios gerais, bem como observações e sugestões pontuais. É o que farei agora. Em seguida, me dedicarei a uma reflexão mais completa e menos tímida sobre a contribuição para a cultura geral da única disciplina em que reconheço, talvez temerariamente, ter uma modesta competência: a filosofia.

A ABERTURA DA CULTURA GERAL

Agora devemos abrir nossa visão da cultura geral a fim de que escape às críticas enunciadas contra ela (preconceito de classe, sexismo, racismo, elitismo, ocidentalocentrismo e etnocentrismo). A determinação dos conteúdos da nova cultura geral deverá, para isso, se alimentar dos diversos trabalhos, alguns bem recentes, que abriram caminhos em variadas direções, permitindo neutralizar as tendências e exclusões evocadas no primeiro capítulo. O cânone que daí emerge não é definido de uma vez por todas e traduz a dinâmica das transformações que caracterizam nossas sociedades. Aliás, o que pertence a esse cânone nele figura menos pelas respostas apresentadas do que pelas perguntas feitas e pela maneira, crítica, como as respostas são apresentadas.

Esse trabalho é colossal, mas podemos encontrar certo reconforto no fato de que já começou. A questão da determinação dos conteúdos a acrescentar em cada disciplina, a do lugar que lhes convém atribuir, e eventualmente a do que se deveria suprimir para se conseguir esse espaço, serão em certos casos questões bastante difíceis, e eu vou parar por aqui antes de proferir generalidades insignificantes sobre o assunto.

Em compensação, existe um instrumento filosófico que pode ajudar a conceber e organizar de modo sistemático o conjunto do conteúdo da cultura geral, e esse instrumento também será, penso eu, útil para resolver os dilemas que sua abertura não deixará de apresentar. Trata-se da teoria das “formas de saber”.

AS FORMAS DE SABER

Diante da imensidão do território a cobrir, qualquer definição de cultura geral corre o risco de degenerar numa enumeração estéril de conceitos, enciclopedismo inútil, propondo, por exemplo, uma lista de grandes obras que, é de temer, serão apenas folheadas, provavelmente jamais lidas — um pouco como esses *Great Books of the Western World*, da *Encyclopaedia Britannica*, que inúmeros lares americanos se vangloriavam e ainda se vangloriam de possuir e exibir.

A teoria das "formas de saber" é preciosa para ajudar a pôr ordem nos conteúdos da cultura geral. Mais exatamente, ela propõe deduzir seu conteúdo a partir do exame do conceito de saber.

É ao filósofo britânico Paul Hirst, que infelizmente continua a ser muito pouco conhecido no mundo francófono, que se deve esse trabalho. Hirst aventa que é possível distinguir "estruturas fundamentais pelas quais o conjunto da experiência tornou-se inteligível aos seres humanos": estão justamente aí as formas de saber. Define-as da maneira que se segue — como os textos de Hirst são inacessíveis em francês[b], que me

b No Brasil somente um livro de Paul Hirst, com Grahame Thompson, *Globalização em questão*, foi traduzido e publicado pela VOZES, Rio de Janeiro em 1998. [N. E.]

permitam essa longa citação, tirada de *Liberal Education and the Nature of Knowledge*:

> **1.** Cada uma põe em jogo certos conceitos centrais que são próprios à forma de saber e são característicos dela – por exemplo, os de gravidade, aceleração, hidrogênio ou fotossíntese, nas ciências; ou os de número, integral ou matriz, na matemática; os de Deus, pecado ou predestinação, na religião; dever, bem e mal, para o saber moral. **2.** Numa forma determinada de saber, esses conceitos – bem como outros –, que denotam, possivelmente de maneira extremamente complexa, certos aspectos da experiência, compõem uma rede de relações possíveis pela qual a experiência pode ser compreendida. Disso resulta que a forma possui uma estrutura lógica distinta. Por exemplo, os conceitos e proposições da mecânica clássica só podem ser ligados de maneira significativa segundo certas modalidades estritamente limitadas; o mesmo ocorre com a explicação em história. **3.** Em virtude de seus conceitos específicos e de sua lógica, a forma compreende expressões ou proposições (as quais são provavelmente respostas a um tipo particular de pergunta) que é possível, de um jeito ou de outro, ainda que muito indiretamente, submeter à prova da experiência [...] conforme critérios específicos à forma. **4.** As formas desenvolveram técnicas e habilidades que permitem a exploração da experiência e a submissão à prova de suas proposições específicas – que se pense, por exemplo, naquelas das diversas ciências ou das diferentes artes. Daí resultou essa acumulação de saber expresso simbolicamente que atualmente encontramos nas ciências e nas artes.

Partindo desses critérios, Hirst enumera as seguintes formas de saber: a matemática, as ciências físicas, as ciências humanas, a história, a religião, as belas artes e a literatura, a filosofia, a moral. (Em textos posteriores, ele revisará um pouco essa lista, mas aqui não é lugar para nos determos nessas revisões.)

Seja como for, teremos entendido que quem possui cultura geral terá, portanto, de um jeito ou de outro — já que nada obriga seu percurso a ser balizado pelas disciplinas tradicionais — percorrido o mais amplo leque possível das formas de saber.

É fácil avaliar, penso, a que ponto esse instrumento pode se revelar precioso para construir a nomenclatura dos conteúdos (conceitos, redes de relações, modo de verificação) que devem idealmente ser conhecidos pela pessoa culta.

AS CIÊNCIAS EMPÍRICAS E EXPERIMENTAIS

Insisti em sua importância e deplorei o pouc espaço que lhes é atribuído em nossa visão literária e h anista da cultura geral, mas não posso deixar de ret ar esse assunto, ainda que de forma esquemática.

Para início de conversa, o que rivilegiaria não tem nada a ver com o aumento do n ro de jovens que escolhem estudar ciências na u rsidade, tampouco com o objetivo de aumentar o número de cientistas. Trata-se mais de alcançar um crescimento qualitativo da educação científica dispensada ao maior número possível de pessoas — e afirmo que essa educação, tal como a concebo, é acessível a todos.

Tal educação científica, em meu espírito, ainda é diferente da tecnológica — esta que nos prepara para usar as tecnologias em nossas vidas privadas e no trabalho.

O que deveríamos visar é a compreensão dos princípios e dos métodos da ciência, e mais que seu vocabulário especializado (embora sem negligenciá-lo), os fatos e teorias científicas. Todos, ao saírem da escola, deveriam saber o que caracteriza a ciência como método, nada ignorar de seus princípios e ter feito ao menos um giro qualitativo pelos principais resultados das diferentes ciências.

Essa educação deveria se concentrar nas "grandes ciências" e, portanto, introduzir à física, à astronomia, à química, às ciências da terra e à biologia (inclusive à ecologia científica).

Deveria, enfim, apresentar a ciência como uma aventura intelectual, exaltante e exemplar, mas também como uma aventura humana, e para isso inscrever fortemente a ciência em seus contextos sociais e históricos — voltarei a isso mais adiante.

Querem um exemplo? Na física, cada um de nós deveria ter noções de astronomia, conhecer e entender as leis

de Newton, a gravitação universal, a energia, as leis da termodinâmica, a entropia, a eletricidade e o eletromagnetismo, a relatividade, o átomo, e possuir certas noções de física quântica.

Desejo insistir mais uma vez na importância absoluta dessa "literacia" científica comum. A ciência e a tecnologia estão e estarão no centro da maioria das implicações e dos desafios que o futuro nos reserva — energia nuclear, energias fósseis, células-tronco, pandemias virais, aquecimento do planeta, vacinas, e assim por diante. Recusar-se a armar as pessoas para entenderem essas implicações é recusar que a conversa democrática se beneficie de certas luzes que lhe são indispensáveis — para não soçobrar na propaganda — e que a ciência proporciona de maneira exemplar e desigual: por exemplo, a lição de humildade epistêmica e de falibilidade que oferece, assim como a preocupação com os fatos e com a verificação independente que a caracterizam.

Para me ater a um exemplo recente dos imensos perigos que corremos por nosso desconhecimento coletivo da ciência, considerem a que ponto, nos Estados Unidos, mas não só lá, o notável esforço de comunicação feito pelos próprios cientistas por meio do Painel Intergovernamental sobre as Mudanças Climáticas acabou, ao menos em parte, sendo sabotado pela fraude de um pretenso *climagate* vendido por jornalistas em busca de assunto a um público cientificamente analfabeto.

PELA MATEMÁTICA CIDADÃ

A matemática ocupa um lugar à parte nas formas de saber e na cultura geral assim como a desejo.

A meu ver, aqui, não escondo, a tônica deveria ser posta no aspecto político da formação e, portanto, no que chamo de matemática cidadã para todos — o que, é claro, não proíbe a existência de vertentes de matemática pura para aqueles e aquelas que a utilizarem em sua profissão ou por gosto.

Em suma, a ideia é vencer a "fobia da matemática" a fim de dotar todos e todas desse componente indispensável de cultura geral que é o conhecimento da matemática, permitindo a compreensão de todos esses dados cifrados, tabelas, pesquisas e outras coisas com que somos agora constantemente bombardeados, e a precaução contra os usos fraudulentos que podem ser feitos com isso, numa espécie de reflexo de autodefesa intelectual.

Sem entrar nos pormenores do conteúdo desse aspecto da cultura geral, sublinharei que as estatísticas e as probabilidades ocupam um lugar central nessa formação, mas também, desnecessário dizer, a geometria e as noções de álgebra — embora não o cálculo. A aritmética, evidentemente, não está ausente do *corpus*. Ela permitirá que ninguém seja enganado como nesta história a seguir.

A cena se passa em qualquer lugar. Dois personagens estão presentes: o caixa de uma loja, o tapeado, e o cliente vigarista, o tapeador.

O cliente vigarista: — Poderia me trocar essa nota de vinte dólares?

E lhe entrega o dinheiro.

O tapeado: — Com muito prazer.

E lhe devolve, digamos, uma nota de dez dólares, uma de cinco dólares e cinco notas de um dólar.

O cliente vigarista: — Pensando bem, já tenho muitas notas de um dólar. Faça-me a gentileza de trocar essas dez notas por uma nota de dez dólares.

Ele conta as notas e dá ao outro.

O tapeado lhe entrega sua nota de dez dólares. Se não o faz, o cliente lhe sugere recontar as notas de um dólar, para maior segurança. Ele só encontra nove e declara que falta um dólar.

Logo o cliente vigarista intervém: — Desculpe, me enganei. Pronto (une o gesto à palavra), aqui está um dólar, o que faz dez, e mais duas notas de cinco, o que faz vinte: portanto, devolva minha nota de vinte e fica tudo certo.

O tapeado: — Tudo bem.

E o tapeado acabou de ser passado para trás em dez dólares...

A LITERATURA E A CULTURA DA IMAGINAÇÃO

O lugar da literatura (e das artes em geral, porém em graus variáveis para cada uma) na cultura geral é inconteste e não perderei tempo em defendê-lo, como infelizmente se deve fazer o tempo todo para as ciências e a matemática. Mas quero insistir numa das funções que as artes e a literatura podem desempenhar na cultura geral. A esse respeito, a reflexão da filósofa Martha Nussbaum, desenvolvida em *Les émotions démocratiques* (Climats, 2011), me parece exemplar e preciosa.

Ela sugere que, assim como certos animais, possuímos a habilidade de nos pormos no lugar do outro e, desde a infância, aprendemos a pensar nos efeitos de nossos gestos sobre as pessoas que nos são chegadas. Mas essa faculdade pode muito bem não se desenvolver bastante, e em nossas sociedades não a aplicamos facilmente a todos os outros grupos. Ora, é muito fácil dizer que "eles" não sentem realmente como nós, que são uns brutos. Por exemplo, ela lembra que, em seu grande romance *Homem invisível*, Ralph Ellison situa, com razão, o racismo diante dos afro-americanos nessa incapacidade de vê-los como pessoas inteiras, com vidas complexas, experiências e todo um mundo interior.

Isso se generaliza, e em grande parte as discriminações estão ligadas a uma incapacidade de participar e de conhecer, pela imaginação, a vida de uma pessoa de outro grupo. Assim, a discriminação diante dos gays e das lésbicas é, fundamentalmente, resultado de uma carência de imaginação, a qual permite entender o que significa ver o mundo deste ou daquele ponto de vista.

Relações com essas pessoas podem, é claro, contribuir para superar a carência, mas aqueles e aquelas que as consideram como monstros as evitam. Manter de pé essas barreiras é uma condição necessária para tratar o Outro como objeto, para lhe negar seu estatuto de ser humano. Ora, justamente, a literatura e as artes podem contribuir fortemente, pela cultura da imaginação, para ampliar a simpatia e derrubar essas barreiras.

A IMPORTÂNCIA DA HISTÓRIA E DA HISTÓRIA DAS IDEIAS

Uma última observação, antes de voltar ao caso específico da filosofia: a historicização dos conceitos, das teorias, das ideias, é um caminho a privilegiar a qualquer tempo. Na verdade, só ela proporciona a convicção de que aquilo que está em pauta é, sempre, um mundo humano, que se constrói pouco a pouco com seus avanços e recuos, seus êxitos e fracassos. Essa convicção permite não só tomar distância dos problemas de nosso tempo como também, graças ao espetáculo oferecido pela história do esplendor e da loucura humanos, alimentar e consolidar as virtudes da humildade, da falibilidade e da capacidade de distância crítica que considero as marcas de uma verdadeira cultura geral.

O CASO DA FILOSOFIA

Aqui darei como certo que seu *corpus* foi ampliado, notadamente graças às contribuições das mulheres e das tradições outras que não as ocidentais. Partindo daí, o que caracteriza a filosofia como forma de saber?

Conjecturo que é o fato de que nela se apresentam problemas singulares que são, em grande medida, de natureza conceitual. Na verdade, indaga-se especificamente o sentido exato de X — podendo X ser o saber, a justiça, o significado, a consciência, e assim por diante. Normalmente, levamos tempo para perceber o que cria problemas e para entender por que aí existem dificuldades e confusões, e precisamos, para isso, superar as convicções imediatas que todos temos.

Em seguida, esses problemas se caracterizam pela indeterminação dos métodos adequados para enfrentá-los: na verdade, a filosofia se distingue por uma pluralidade de enfoques, e quando um filósofo ou uma filósofa escolhe um deles, sabe que deverá defender essa decisão contra aqueles que fizeram outras escolhas, cuja legitimidade, aliás, ele ou ela pode muito bem acatar.

Em terceiro lugar, esses problemas são discutidos há muito tempo: para enfrentá-los, apropriar-se dessa tradição é uma condição prévia e indispensável. Nesse sentido, há na filosofia uma atualidade da tradição que é muito específica à disciplina. Ela explica que se possa reler Platão como nenhum físico leria Newton (aliás, quem estuda física já não o lê) ou como nenhum literato lê Cervantes.

Por fim, e essa ideia está intimamente ligada à anterior e explica sua perenidade, as questões e os problemas discutidos na filosofia têm grande importância para a humanidade, ou, caso se prefira, forte carga normativa: o que se discute não é banal nem trivial, e envolve elevadas implicações intelectuais, morais mas também, não raro, práticas. Essas questões são constantemente retomadas no que eu chamaria de grande conversa, que prossegue desde sempre.

Se o que precede não está de todo errado, deveria ser possível deduzir o lugar que cabe à filosofia na cultura geral.

Por meio da filosofia nos confrontamos com problemas conceituais de natureza até então inédita; mais do que somente aproximações, descobrimos métodos concorrenciais mas plausíveis que preconizam evocá-los de maneiras diferentes; entramos em contato com uma rica tradição de reflexão que retomou e muitas vezes propôs essas questões; as quais, para concluir, são de suma importância.

Nenhuma cultura geral digna do nome está completa sem ter se confrontado com esses conceitos, problemas, métodos e teorias que a filosofia, e só ela, apresenta.

Além disso, dando acesso ao que acabo de indicar, a filosofia permite igualmente que se obtenha essa bagagem cultural que também se alcança, é verdade, por outras disciplinas ou formas de saber, mas em seu caso por uma porta de entrada privilegiada e distintiva.

Isso ocorre justamente porque as questões levantadas pela filosofia são conceituais e, portanto, têm uma dimensão fundamental e radical que singulariza a contribuição dada aos temas que não pararam de ser debatidos na grande conversa da humanidade. Eis um exemplo.

A questão da igualdade foi decerto evocada pelo viés da sociologia ou da economia; talvez também a tenham discutido pelo viés da literatura, de um romance. Mas desde Platão a filosofia trata do tema da própria natureza da igualdade, e para pensá-la introduziu distinções conceituais incontornáveis que não pararam de alimentar as reflexões de todos, inclusive dos economistas, sociólogos e literatos.

O fato de que essas questões postas pela filosofia o sejam nesse nível, aliado ao fato de que as respostas sugeridas continuem propriamente abertas e sendo discutidas, tudo isso fornece duas outras indicações quanto ao lugar da filosofia na cultura geral.

O primeiro é que aí encontramos a possibilidade de que as questões sejam essencialmente contestadas e, portanto, permaneçam, ainda por muito tempo, vivas e debatidas. Sem dúvida, existem na filosofia saberes a adquirir: sobre a justiça Platão pensava isto, enquanto Aristóteles pensava aquilo. Mas rapidamente nos vemos confrontados com a obrigação de pensar essas questões por nós e para nós mesmos, de argumentar, comparar e decidir, se formos capazes.

O segundo argumento é que a filosofia satisfaz, ao menos em alguns, certa necessidade de unificação, síntese e aprofundamento na organização de seu pensamento.

As razões que expus até aqui são educacionais e intrínsecas à própria disciplina. Mas minha argumentação estaria incompleta se eu não evocasse as razões que se referem à política.

Para começar, o que a filosofia traz também nos permite pensar o presente, em especial porque contribui de maneira diferenciada para a aquisição de uma parte dessa bagagem cultural indispensável à participação da conversa democrática.

Em seguida, pela própria natureza das questões evocadas e das respostas avançadas, a filosofia é uma arena em que com muita frequência são aventados e podem existir valores e ideias que são como outros tantos contraexemplos de certos aspectos do mundo exterior, os quais exercem às vezes uma hegemonia muito perturbadora no seio da própria escola: utilitarismo de curto alcance, preocupação permanente de rentabilidade, pragmatismo, cientificismo etc.

Para terminar, e o que é talvez mais importante no plano político, a filosofia fornece uma preciosa prefiguração de um aspecto fundamental da própria conversa democrática. Uma distinção kantiana, introduzida numa formulação da antinomia do juízo de gosto, em *Crítica da faculdade de julgar*, permite perceber o que quero designar aqui: a distinção que a filosofia sugere entre disputar e discutir. Livremente interpretada, essa distinção afirma que disputamos quando em teoria é possível resolver um desacordo por meios que as partes em disputa reconhecem como apropriados, ao passo que discutimos quando, na ausência desses meios, e portanto de critério objetivo para tomar uma decisão, é porém possível e desejável dialogar, na esperança de chegar, senão sempre a um acordo, pelo menos a uma elucidação mais fina de todos os pormenores do desacordo.

É o que se faz em filosofia, depois de se ter adquirido os indispensáveis saberes prévios: e é o que o cidadão também faz. Pela filosofia ele terá aprendido, praticando-as, as virtudes epistêmicas que permitem imaginar ser possível outra posição além da sua, que convidam a fazer um esforço para compreendê-la, e que incitam a argumentar em favor da própria posição, sabendo, porém, a que ponto nosso saber é limitado, e reconhecendo a profundidade talvez irredutível dos problemas apresentados, mas sem desistir de tentar ver mais claro.

3

CULTURA GERAL E EMANCIPAÇÃO

Iniciei esta reflexão explicando o que pode e deve alimentar um ceticismo saudável e legítimo em relação à ideia de cultura geral. Em seguida desenvolvi por alto um modelo que me parece desejável e realista. Gostaria, agora, de enumerar certas ameaças que criam obstáculo a essa nova cultura geral: geralmente, constituem, como veremos, o próprio fundamento do espírito de nossa época.

A TENTAÇÃO RELATIVISTA

Comecemos pelo que poderia, justamente, ser a *doxa* filosófica da época, e vejamos como ela afeta a ideia de transmissão de uma cultura geral comum.

Evocaremos aqui uma espécie de "tudo é cultural" para demonstrar que tudo, desde os grafites que enfeitam os muros de cidades até as obras de Molière, passando pelo último Mangá e por determinada sinfonia do repertório clássico, pode ser visto, por seu conteúdo cultural, como digno de ser incluído em nosso inventário. E desde então, já que não deveria haver critério objetivo para avaliar seu valor estético ou intrínseco nem justificar a inclusão de um elemento e exclusão de outro, sempre será arbitrário incluir um conteúdo cultural, e não outro.

Esse argumento diz respeito às artes, à literatura e às humanidades, em suma, a toda a gama de práticas culturais, e tem um equivalente para a segunda cultura (retomando a famosa distinção de Snow): nesse caso, garante-se que idêntica argumentação pode ser usada para as ciências, que não teriam nenhum privilégio epistemológico, seriam apenas um discurso entre outros com a pretensão de dizer a verdade, e que nada, senão, mais uma vez, critérios arbitrários, autoriza a privilegiá-las num ideal de formação geral. Evidentemente, aqui todos terão reconhecido temas que estão na moda há alguns decênios nas correntes de pensamento pós-modernas.

Nos dois casos, quer se trate de práticas culturais ou de ciência, a mesma tese se aplica, a saber, a do relativismo — estético num caso, epistemológico no outro.

É verdade que, se essa tese devesse ser aceita, seria, na melhor das hipóteses, fonte de seriíssimas dificuldades para o ideal que eu defendi — na pior, seria fatal. Mas, além do fato de essas ideias serem difundidas em certos meios, muitas vezes intelectuais, existe uma só boa razão para adotá-las? Penso que não.

Consideremos, primeiro, o relativismo epistemológico. Quando olhamos um pouco mais de perto, essa posição parece mais plausível; depois, logo percebemos que é absolutamente insustentável, por ser contraditória. Ocorre que essa contradição fatal foi revelada por Platão há... dois milênios e meio, de modo que seria de crer que esse assunto estaria encerrado há muito tempo.

Sua argumentação pode ser resumida ao seguinte. Platão nos pede, simplesmente, para reconhecer que todos pensam existir nas diversas esferas da vida pessoas dispondo de uma competência vinda de um saber que supostamente devem possuir — e que todos se comportam em consequência disso, consultando o marinheiro prudente, mais que o ignaro, o médico, mais que o charlatão, e assim por diante. A questão de saber se essa convicção tem fundamento e se de fato existem tais pessoas é deixada em suspenso: basta admitir que todos pensam que essas pessoas existem. Quem negaria? No entanto, e o gênio de Platão está em percebê-lo, a refutação do ceticismo epistemológico é inconteste desde o momento em que o admitimos.

Diante dessa crença no sentido comum, o relativismo, que afirma não poder haver julgamentos verdadeiros ou falsos, vê-se, na verdade, frente a um dilema cuja saída é, sempre, a refutação de sua tese: ou as pessoas têm razão de pensar assim, e nesse caso estamos diante de uma proposição verdadeira, o que o refuta; ou estão erradas de pensar assim, e nesse caso estamos diante de uma proposição que refuta a tese relativista porque ela é falsa. Acrescento, para concluir, que hoje, felizmente, a perspectiva relativista pós-moderna parece ter encerrado sua carreira e estar em declínio: mas terá feito um mal imenso à grande conversa democrática, especialmente aos mais pobres, aos excluídos e oprimidos, que via de regra só dispõem dessas armas que são os fatos, a razão e a verdade para se fazerem ouvir.

O relativismo cultural é, à primeira vista, bem mais plausível: afinal de contas, a diversidade dos juízos de gosto é um fato facilmente observável, e nossa época — que parece execrar a própria ideia de hierarquias nessa matéria, sempre suspeitas de refletir formas de dominação — ainda o fortalece. Mas apesar da existência confirmada de dominações de todo tipo, a verdadeira questão continua presente: saber se é possível discriminar entre as produções culturais e situá-las umas em relação às outras, segundo critérios de excelência.

Mais uma vez, penso que a resposta é indubitável: em matéria de produções culturais, além da relatividade interpessoal, intercultural e histórica dos juízos de gostos, existem de fato normas universais e padrões para se julgar a excelência. É verdade que os juízos que apresentamos ao aplicar essas normas não são definitivos; são tão passíveis de revisão quanto os da ciência são falíveis: mas reconhecer isso não equivale a admitir que essas normas não existem. A meu ver, é David Hume que, nessa controvérsia, indica a boa direção, observando que os juízos de gosto de pessoas que satisfazem a certas condições precisas tornam essas pessoas os verdadeiros juízes do gosto, e seus veredictos reunidos, a norma.

São cinco essas condições. A primeira é a delicadeza da imaginação, ou seja, a sensibilidade do espírito para as emoções mais sutis, a capacidade de sentir e distinguir belezas (ou feiuras) ali onde outro espírito, privado dessa característica ou só a possuindo em menor grau, não as distingue. A segunda é a prática, que pelo exercício fortalece essa delicadeza; assim chegamos, inevitavelmente, a estabelecer comparações entre os objetos que julgamos, e essas comparações são indispensáveis à formação do gosto e da capacidade de julgar. Daí a terceira condição que Hume lista: a comparação. No entanto, diversos fatores podem perverter nosso juízo: nossa amizade ou inimizade por uma ou um artista, nossa incapacidade de nos colocarmos na perspectiva daqueles e daquelas a quem a obra está ou estava destinada, e vários outros; uma indispensável ausência de preconceitos é, portanto, a quarta condição que Hume cita. Finalmente, como corrigir essas ameaças pelo exercício de um julgamento saudável? Segundo Hume, graças a uma dose de bom senso, único meio capaz de preservar as indispensáveis faculdades intelectuais que o julgamento de gosto emprega, ainda que não sejam as primeiras. Por esse bom senso, ou seja, pela razão, assimilamos como um conjunto as partes isoladas de uma obra, as correspondências mútuas entre as partes, rememoramos o objetivo visado pela obra e as regras que presidem à sua confecção.

Todos nós desconfiamos, por experiência, que Hume tem razão, embora esse critério e essa pretensão de julgar choquem ou pareçam elitistas: é que outrora todos e todas nós seguimos o caminho que ele aponta. Encantados por estribilhos para crianças, por exemplo, ampliamos, por enriquecimento de nossa experiência estética e por comparação, nossa base informacional e, por conseguinte, revimos nossos julgamentos estéticos e nossas hierarquias.

Assim, pessoas que possuem as virtudes que Hume aponta — e toda a sensibilidade e os conhecimentos necessários para "abrir o cânone" — é que deveriam receber a difícil tarefa de listar os conteúdos da "literacia" cultural e abrir o "cânone estético" com a convicção de que, nesse terreno, também existem normas de excelência. A esse respeito, um caso interessante para meditar é o das relações de Adorno com o jazz.

ADORNO E O JAZZ

O filósofo Theodor W. Adorno (1903-69), homem de esquerda fortemente marcado pelo marxismo, foi, ademais, um dos importantes musicólogos do século XX. Era também compositor e estudara com o ilustre Alban Berg (1885-1935). Seu horror ao jazz continua a ser um dos temas incontornáveis da estética, ao mesmo tempo que uma espécie de mistério: como explicar isso que um dos finos analistas dessa estranha posição de Adorno chamou de "negação estética", essa incapacidade de captar e reconhecer a excelência de uma produção cultural embora num terreno em que ele possuía competências que deveriam ter permitido assimilá-la?

Pois o fato é que Adorno enuncia suas teses sobre o jazz já nos anos 1930 — isto é, no momento em que artistas excepcionais como Louis Armstrong ou Duke Ellington estão no auge de sua arte — e que jamais as revisará. Como o filósofo morre em 1969, terá tido oportunidade de ouvir Miles Davis, John Coltrane, Thelonious Monk, Billie Holiday ou Sarah Vaughan, sempre no ápice da produção desses artistas, e de vários outros considerados, com razão, gênios. Eis o enigma a que muitas páginas foram dedicadas. Está claro que Adorno parece não ter dado provas, aqui, dessa ausência de preconceitos que Hume exige.

Adorno oferece argumentos para justificar sua posição. Segundo ele, o jazz é um componente da indústria cultural destinada às massas. Ora, esta contribui para a manutenção da autoridade e do conformismo, fornecendo às pessoas produtos estereotipados, padronizados e previsíveis. Assim, a cultura de massa satisfaz certas necessidades que ela cria e alimenta e, atrofiando a imaginação, impede a formação de desejos mais fundamentais e profundos. Revela-se, portanto, segundo Adorno, ser exatamente o contrário da arte e da cultura autênticas.

Como para a maioria dos observadores imparciais, essas críticas me parecem insustentáveis no caso do jazz.

Mas isso não significa que a tese da existência de uma indústria cultural destinada às massas e a criar efeitos embrutecedores deva ser posta de lado, longe disso. E ela aponta para algo que constitui outra grave ameaça a um ideal de cultura geral comum. Vejamos por quê.

MÍDIA E CRETINIZAÇÃO DAS MASSAS

Além da educação, a mídia é o grande vetor pelo qual uma sociedade inscreve sua preocupação com a cultura geral de seus membros e a qualidade da conversa democrática. Mas a comercialização e a preocupação com a rentabilidade que atualmente a movem, e em que o aumento da audiência é o único horizonte, unidas à concentração cada vez maior de seus proprietários... Tudo isso alimenta inquietações legítimas quanto à compatibilidade dessas armas de diversão maciça com um ideal de cultura geral comum e difundida. Proponho distinguir dois aspectos que tornam os meios de comunicação pouco propícios ao ideal de cultura geral que apresentei.

O primeiro é político: longe de contribuir para a exigência da conversa democrática, os meios de comunicação tendem, na verdade, a desempenhar um papel essencialmente propagandístico e a propor uma visão unívoca e simplificada do mundo, a qual está amplamente a serviço das instituições dominantes. O tema é bem conhecido: diversos trabalhos sérios e fidedignos justificam essa inquietação.

O segundo se refere à ideia de diversão que evoquei acima. É que me parece que as teses desenvolvidas — breve fará trinta anos — por Neil Postman em *Se distraire à en mourir* [*Amusing ourselves to death*] receberam, infelizmente, estrondosas confirmações.

Postman sugeria que Aldous Huxley, que temia que ninguém tivesse mais vontade de ler livros, poderia, afinal, ter razão contra George Orwell, que temia que eles fossem banidos. Aniquilar a vontade de ler é o que faria, agora, a diversão midiática, anestésico de um gênero diferente daquele de Pascal, especialmente por seu alcance político. Esse divertimento é um coquetel embrutecedor que deixa muito pouca chance à cultura geral, à sua divulgação e à sua apreciação, mas em contrapartida põe os espectadores, leitores ou ouvintes à mercê dos anunciantes.

Patrick Le Lay, grande presidente da emissora francesa TF1, levantou o véu sobre esse aspecto das coisas ao declarar: "Há muitas maneiras de falar da televisão. Mas numa perspectiva de *business*, sejamos realistas: na base, o negócio da TF1 é ajudar a Coca-Cola, por exemplo, a vender seu produto [...]. Ora, para que uma mensagem publicitária seja captada, o cérebro do telespectador precisa estar disponível. Nossos programas têm como vocação torná-lo disponível: isto é, diverti-lo, relaxá-lo para prepará-lo entre uma mensagem e outra. O que vendemos à Coca-Cola é o tempo disponível do cérebro humano".

Essa declaração tem o mérito de ser verdadeira. De meu lado, sempre gostei do modo, talvez mais insolente mas muito eficaz, como Rod Serling — o roteirista que assinou o seriado de TV *Twilight Zone* (*Além da imaginação*) — falava dessas coisas, sublinhando as tensões inerentes ao vínculo entre televisão e cultura: "É difícil produzir um documentário de televisão que seja pertinente e incisivo quando se é interrompido a cada doze minutos por doze coelhos que dançam cantando as virtudes de um papel higiênico".

A TENTAÇÃO DA SÚMULA

Nossa época é apressada, mas a cultura exige tempo. Daí a forte atração dessas promessas de súmulas que permitiriam adquirir rapidamente uma cultura geral. Mas, como se sabe, há resumos que encompridam e avanços que atrasam. Essas promessas têm pelo menos duas formas.

A primeira é a desses inúmeros *digests*, resumos, sumários e condensados de todo tipo que são vendidos prometendo aliviar o fardo do esforço de ler, compreender e pensar no indispensável longo prazo que isso exige. Entre eles encontram-se até trabalhos e dissertações prontinhas que permitem eliminar inteiramente a necessidade de ler, compreender e pensar.

A segunda é uma espécie de miragem tecnicista à qual a familiaridade com o número mágico deveria, por si só, proibir que alguém sucumbisse. Aqui, a ideia é que a existência da Internet como fonte quase ilimitada de informações forçaria a reavaliar integralmente a importância que outrora se dava à transmissão de conhecimentos, fatos e informações. É nesse sentido que Michel Serres afirma que "a Internet nos força a ser inteligentes".

Afinal de contas, nos explicarão, sempre será possível ir à Internet procurar uma informação que nos falta, de modo que é perder um tempo precioso querer transmitir simples fatos e informações que compõem a cultura geral, os quais são facilmente acessíveis e, além do mais, correm o risco de ser rapidamente ultrapassados. Então, o mais sensato e eficaz é ensinar uma criança a raciocinar, sintetizar, ser criativa, demonstrar espírito crítico, questionar, em suma, desenvolver nela essas habilidades cognitivas de alto nível que são as dos especialistas – sem esquecer, é claro, a que consiste em buscar a informação, sobretudo na Internet.

Resumindo, e aqui evocaremos Montaigne, todo educador visa a formar uma cabeça bem feita: deveria, portanto, visar, não a enchê-la de conhecimentos, informações e "simples fatos" rapidamente caducos, mas desenvolver pela prática essas indispensáveis habilidades de alto nível que, em seguida, o aluno poderá utilizar em diferentes contextos — isto é, transferir — e ao longo de toda a sua vida.

A tragédia é que — e Montaigne bem sabia — sem esses simples fatos, essas faculdades intelectuais não conseguem se revelar, e elas não existem independentemente deles: sem uma rica bagagem de conhecimentos em cada forma de saber, não há pensamento crítico, criador etc., nessa forma de saber. Portanto, volta-se à longa, pesada mas indispensável tarefa de transmitir, pacientemente, pouco a pouco, os diversos conteúdos da cultura geral que decidimos fazer alguém adquirir.

A RAMPA UTILITARISTA

Atualmente a cultura geral é percebida, às vezes, como algo que se adquire não durante a escolaridade — e que se apura e aperfeiçoa pelo resto da vida — mas como uma espécie de verniz de que devemos nos dotar o mais depressa possível a fim de satisfazer exigências para o ingresso em diversos cursos universitários. Assim, a relação que se estabelece com ela tende a ser instrumental e utilitarista.

Paralelamente, como para piorar as coisas, faz-se um verdadeiro assalto contra alguns de seus componentes fundamentais — chamemos de humanidades a esse conjunto de disciplinas –, em especial dentro das universidades, onde departamentos inteiros são ameaçados de sofrer com cortes severos, senão de fechar.

Portanto, não é sem certa satisfação que vemos surgir de vez em quando estudos que evidenciam que, mesmo ficando no terreno ocupado pelos críticos dessa parte da cultura geral, é esta última que demonstra, como era de esperar, sua maior "eficácia". Considerem, por exemplo, as pesquisas dedicadas aos universitários em fim de curso e que mostram a que ponto têm sucesso em diversos testes e em diversas profissões os estudantes de filosofia, até em áreas em que sua formação parece uma preparação melhor que um MBA!

O MAL ESCOLAR EM VERSÃO FRANCESA

Numa sociedade moderna, é dentro da escola, mais que em qualquer outro lugar, que deveriam ser aprendidas as bases indispensáveis da "literacia" cultural. Mas, pelo visto, a escola francesa possui certas características espantosas e perturbadoras que, se confirmadas, não deixam de ter ligação com nosso assunto. O fato de ser estrangeiro nesse país ajuda talvez a percebê-las melhor. De qualquer maneira, foi um estrangeiro, o jornalista Peter Gumbel, cujas filhas são escolarizadas na França, que recentemente fez um retrato de grande repercussão da situação (*On achève bien les écoliers*, Grasset, Paris, 2010).

Normalmente as questões relativas à escola são muito complexas e seus dados devem ser usados com circunspecção, mais ainda quando se trata de relações causais. Mas o fato é que Gumbel pinta um quadro fidedigno, um tanto sombrio, negro, como o quadro homônimo, do que o aluno francês vive e dos efeitos que essa vivência aparenta ter sobre sua saúde, tanto física como mental e intelectual.

Na verdade, o aluno francês parece, de modo muito mais marcado que seus colegas estrangeiros, ansioso, estressado e angustiado. Teme doentia e obsessivamente o fracasso e o erro e vive obcecado pelo medo de não passar de ano. Muitas vezes recebe como pauladas arbitrárias, destinadas a quebrá-lo, as observações que lhe enviam sobre ele mesmo e sua atuação escolar — em especial o sistema de notas praticado na escola, que sempre parece relacioná-las com uma média estabelecida numa perspectiva elitista, até mesmo de concursos — e essas mensagens o desmotivam e o desanimam. Além disso, alimenta uma imagem negativa dos professores, do estudo e da própria escola.

Eis alguns dados que, é evidente, devemos contextualizar para apreciá-los, e que dão uma ideia do propósito e dos motivos de inquietação de Gumbel: 71% dos alunos na França são regularmente "sujeitos a irritabilidade"; 63% sofrem de nervosismo; um em quatro tem dor de barriga ou dor de cabeça uma vez por semana; 40% se queixam de insônias frequentes; 75% se afligem por ter notas ruins em matemática (contra 59% em média nos países da OCDE - Organização para a Cooperação e Desenvolvimento Econômico). E tudo isso com taxas gerais medíocres nos testes internacionais, evasão escolar elevada, persistentes desigualdades nos resultados, na perseverança e nos diplomas, as quais variam marcadamente de acordo com a origem socioprofissional dos pais. Sem falar dos resultados surpreendentemente decepcionantes até mesmo nos grupos elitistas do sistema e nas disciplinas tradicionalmente polos de excelência, como a matemática, em que o desempenho dos alunos franceses, sempre de acordo com testes internacionais comparativos, é um tanto fraco em relação ao obtido em países como Canadá, Austrália ou Holanda.

Que relação com o saber e a cultura se esboça nesse quadro? Que lugar aí ocuparão a felicidade, o prazer de aprender? Minha hipótese é de que na escola é que primeiro se materializa e se perpetua o que existe de mais detestável nessa relação singular de amor e ódio que parecemos manter com a cultura e a cultura geral: nesse sentido, a escola seria o microcosmo de algo cujo macrocosmo é a sociedade.

O conjunto dessas ameaças constitui um imenso obstáculo à transmissão de uma verdadeira "literacia" cultural comum. Mas essa barreira talvez não seja intransponível.

O QUE SE SABE SOBRE O APRENDIZADO

Fundamento essa esperança, primeiro, no fato de que agora sabemos bastante sobre o assunto para termos condições de transmitir a todos esse ambicioso currículo de cultura geral por métodos comprovados. Fatores de todo tipo — ideológicos, econômicos, políticos — podem retardar seu reconhecimento, mas métodos mais eficazes que outros para aprender a ler, escrever e contar são conhecidos, identificados e experimentados. Cabe-nos apoiarmo-nos neles.

E tratando-se de testar rigorosamente os métodos que utilizamos para ensinar, eu me recriminaria se não salientasse que há uma hipótese que merece ser testada. Alguns afirmam, na verdade, que o aprendizado do pensamento crítico deveria começar no início da escolarização e assumir a forma da prática da filosofia: teríamos o maior interesse em submeter essa pretensão à prova dos fatos.

UMA ÉTICA DA SOLICITUDE CULTURAL

"Eu amava as pinturas idiotas, o alto das portas, as decorações, telas de saltimbancos, tabuletas, iluminuras populares — dizia Rimbaud —, a literatura antiquada, o latim de igreja, livros eróticos sem ortografia, romances de nossas avós, contos de fadas, livrinhos da infância, óperas velhas, estribilhos bobos, ritmos ingênuos." Ganharíamos coletivamente em reter essa lição do poeta e em nos lembrarmos de que todos nós empreendemos nossa viagem cultural por caminhos múltiplos, amando formas e produções que, mais tarde, admitiremos ser inferiores. Não vamos enrubescer nem negar aos outros esse direito. Demonstremos solicitude com esses outros — e conosco também, quando boicotamos nosso prazer com a desculpa de que não conseguiríamos confessar que gostamos da literatura antiquada, dos romances de nossas avós, dos estribilhos bobos e dos ritmos ingênuos.

As lições pedagógicas que essa atitude inspira são as que Daniel Pennac expõe de maneira saborosa em seus mandamentos ao leitor — que também serão, adivinhamos, aqueles do amante de música, de pintura, de cinema, e que valerão para todos os exploradores que partiram à conquista da cultura geral. A mais importante dessas lições poderia ser a seguinte: "O verbo *ler* não suporta o imperativo. Aversão que partilha com alguns outros: o verbo *amar*... o verbo *sonhar*".

ELOGIO AOS REBELDES

Aqueles e aquelas que resistem à cultura que lhes é proposta, esses rebeldes que tantos professores temem, guardam um grande segredo que é preciso desvendar. É que, para ter sobre nós o conjunto dos efeitos que esperamos, a cultura, conforme vimos, deve ser coisa viva e não inerte, até se tornar um componente do que somos. Isso supõe que nos apropriemos dela, e essa apropriação, que faz nos tornarmos outro, não pode senão suscitar resistências, que são justamente o indício de que esse corpo estranho faz seu trabalho. Uma docilidade grande demais é, aqui, indício de não apropriação. O anarquista Max Stirner viu isso como ninguém em *O falso princípio de nossa educação*:

> A maioria dos estudantes são um exemplo vivo desse triste aspecto que as coisas tomam. Castrados da mais linda maneira, eles castram por sua vez; adestrados, adestram também. Mas toda educação deve ser pessoal, e, partindo do saber, nunca perder de vista que não se trata de objeto de posse, mas do próprio Eu. Numa palavra, não se trata de desenvolver o saber mas de levar a pessoa a seu pleno desenvolvimento.

> O ponto de partida da pedagogia já não poderá ser o desejo de civilizar mas o de desenvolver pessoas livres, personalidades soberanas; eis por que a vontade, que até agora foi violentamente oprimida, não deverá ser enfraquecida por mais tempo. Já que não se enfraquece a necessidade de saber, por que então se enfraqueceria a de querer? Que se cuide igualmente de uma, caso se cuide da outra. A insubordinação e a teimosia da criança têm tanto direito como seu desejo de saber. Põe-se todo seu empenho em estimular este último; portanto, que se provoque também a força natural da vontade, a oposição.

BOLSAS DO TRABALHO, NOSTALGIAS...

Evoquei na abertura deste livro as sensações contraditórias — admiração e suspeita — que o estrangeiro tem diante das surpreendentes prateleiras de cultura geral das livrarias francesas. Quando esse estrangeiro manifesta profundas simpatias pelo anarcossindicalismo, quando admira a obra de Fernand Pelloutier (1867-1901) e é nostálgico desse formidável movimento dos oprimidos de tomarem a si o próprio destino, então um sentimento muito diferente, misto de melancolia e admiração, o agarra ao passar, na França, diante desses monumentos em geral imponentes e em cujo frontão se lê: Bolsa do Trabalho.

Nesse ideal levado adiante pelos anarquistas encarnou-se

algo de nobre e autêntico, que está a léguas de tudo o que hoje podemos conhecer ou imaginar tratando-se de cultura geral e educação, tanto mais que se ligava a um projeto de emancipação econômica radical...

Do ponto de vista educacional — as Bolsas eram bem mais que isso —, pode-se imaginar esses lugares como espécies de centros comunitários de educação de adultos, cujos cursos e atividades são oferecidos a todos os trabalhadores, sem exceção. O vasto prédio que as abriga, e que foi pago com os centavos postos de lado pelos próprios trabalhadores, compreende uma biblioteca, uma sala de leitura, um grande saguão feito para acolher centenas de pessoas, salas de aula onde se ensina um currículo rico e vasto, que vai bem além do anarquismo ou mesmo da sociologia ou da história, já que ali também se discutem ciências, inglês, literatura e arte, assim como retórica e outros temas. Ali se dá ao operário a "ciência de sua desgraça", segundo a bela fórmula de Pelloutier; e os meios de lhe escapar, acrescentaremos.

Para que uma verdadeira ideia de cultura geral possa viver e se materializar, seria preciso reatar com essa tradição radical em política, que levava a sério a educação e a cultura, como condições indispensáveis da emancipação individual e da transformação social. Será possível? É o que espero. E as atuais universidades populares, que vão nessa direção, são suscetíveis de confortar essa convicção.

Mas aqui não posso deixar de notar que é uma inversão um tanto estranha a que fez com que a vontade popular de ser culto, de adquirir uma verdadeira cultura geral, dotar-se não de um simples *savoir-faire* ou de uma educação especializada — a do advogado, do dentista, do cientista, e assim por diante — mas, como diziam então os anarquistas, de uma educação "integral", que a vontade, portanto, longamente tão estimada nas classes operárias, tenha hoje sido recuperada pelas classes médias e pela burguesia, pequena ou grande, para dela se apossarem como marcas de distinção. Ao passo que, simultaneamente, os operários e as classes proletárias só costumam aderir a essa ambição de se cultivar, e de maneira previsível, por motivos utilitaristas — quando não a rejeitam por ser burguesa, talvez em parte porque já não têm tempo de satisfazê-la, e porque tantas diversões embrutecedoras lhes são propostas, nas quais o espetáculo do que fazem e como são certas pessoas cultas é, por si só, capaz de fazer passar o gosto de adquirir o que as define.

Mas, quem sabe? Talvez também esteja errada a premissa em que se baseavam as ambições dos anarquistas de ontem de se tornarem cultos, essa premissa que é a da argumentação que apresentei e que, no fundo, é comum a qualquer defesa clássica da cultura e da educação.

Já se terá adivinhado: essa premissa é a ideia de que, pela cultura e a educação, nos tornamos melhores. É com esse tema que gostaria de concluir essa reflexão.

108

CONCLUSÃO

Àqueles e àquelas que, como eu, fazem a aposta na cultura, costuma-se apresentar, além de todas as dificuldades que enumerei, essa objeção que se considera decisiva: a ideia de que a cultura e a educação nos tornam melhores é errada e enganadora.

Pois se dirá que, afinal de contas, são gerações de humanos instruídos que nos levaram aqui onde estamos, desde esse estado de guerra permanente em que se mantém a humanidade até as investidas constantes contra o meio ambiente, passando pelos riscos do conflito nuclear.

A situação é tal, que hoje não é raro ouvir vozes fidedignas profetizarem que não é só nossa civilização que está ameaçada, mas a própria vida na Terra.

Ernst Mayr (1904-2005), um dos mais importantes biólogos do século XX, apresentou uma formulação repercussiva desse argumento durante um famoso debate com o saudoso astrofísico e vulgarizador científico Carl Sagan (1934-96), a respeito do programa SETI [Search for Extraterrestrial Intelligence]. Sagan era um dos mais ardorosos promotores da exobiologia e de seu programa de busca de inteligência extraterrestre: baseando-se em diversas hipóteses, ele e outros consideravam a tal ponto provável a existência dessa inteligência que se esforçaram em detectar seus sinais e nos tornarem detectáveis a ela. Mayr era cético sobre esses esforços. Objetava, em substância, que só dispomos de um exemplo de uma inteligência de nível superior, e esse exemplo mostra que ela é capaz de se autodestruir, de modo que nos destruiremos antes de entrar em contato com outra inteligência superior, a qual provavelmente será, de qualquer maneira, autodestruída antes.

Diante de tais reflexões, diante desse estrago planetário a que nos entregamos desde sempre com uma assiduidade impressionante e desesperadora, falar de cultura geral pode parecer um tanto frívolo. Porém, não penso que a esperança posta na cultura e na educação seja insensata. Primeiro, e muito simplesmente, porque são as únicas armas que temos para contrapor ao desastre. Depois, porque esse retrato sombrio negligencia o que a cultura pode fazer, o que pôde fazer ontem e ainda pode realizar amanhã para inúmeras pessoas e grupos. A cultura, o saber, a educação podem dar ideias de liberdade e de mudança, e a coragem de lutar por elas. Como escrevia Victor Hugo (*Ouverture du congrès littéraire international de 1878*): "Quem quer que sejais, quem desejais cultivar, vivificar, edificar, enternecer, apaziguar... ponde livros por toda parte".

UMAS GOTAS DE ANTÍDOTO

114

É absurdo ter uma regra rigorosa sobre o que se deve ou não ler. Mais da metade da cultura intelectual moderna depende do que não se deveria ler.

Oscar Wilde,
Phrases and Philosophies for the Use of the Young.

116

Acho que a televisão é muito favorável à cultura. Toda vez que alguém a liga em minha casa, vou para a sala ao lado e leio.

Groucho Marx.

118

Quando leio Homero, associo-me ao poeta, associo-me a Ulisses e Aquiles, associo-me ainda à multidão dos que leram esses poemas, à multidão também dos que apenas ouviram o nome do poeta. Em todos eles e em mim faço soar o humano, ouço o passo do homem. A linguagem comum designa pelo belo nome de Humanidades essa busca do homem, essa procura e essa contemplação dos sinais do homem. Diante desses sinais, poemas, músicas, pinturas, monumentos, a reconciliação não está por fazer, está feita.

Alain, *Propos sur l'éducation.*
[Considerações sobre a Educação seguidas de Pedagogia Infantil. São Paulo: É Realizações, 2012.]

Assim que compreendemos e apreciamos uma produção humana, ela se torna nossa, pouco importa sua origem. Tenho orgulho de minha humanidade quando posso reconhecer e apreciar os poetas e artistas de países outros que não o meu. Que me deixem provar essa alegria sem mistura de saber que são minhas todas as grandes glórias da humanidade.

R. Tagore.

122

Considero como literatura não só as simples novelas, as histórias, os esquetes, as narrativas de viagem, os ensaios de todo tipo publicados nas revistas, mas também o que há de mais pobre e mais miserável, os romances a cinco vinténs, as histórias de detetives, as reportagens de jornais, as análises de jogos de basebol, e até a publicidade. Oh, que encantadora e verídica imagem de nós mesmos temos através desses textos! [...] Talvez seja perigoso dizê-lo, mas considero como uma evidência para a literatura em geral que uma forma moderada de prazer vulgar continua a ser uma forma de equilíbrio salvadora na psiquê de cada homem e de cada mulher, um sinal de inserção numa higiene mental que nos leva a tomarmos as coisas tais como são e rirmos delas.

Voltairine de Cleyre,
D'espoir et de raison. Écrits d'une insoumise.

Creio que é melhor dizer que esse mal vem da maneira ruim como eles se aplicam às ciências; [...] Só trabalhamos para encher a memória, e deixamos vazias a inteligência e a consciência. Sabemos dizer: *Cícero diz assim; eis os costumes de Platão; são as próprias palavras de Aristóteles.* Mas nós mesmos, o que dizemos de nosso? O que pensamos? O que fazemos? Tanto quanto também diria um papagaio.

Montaigne, *Essais,* Livro I, capítulo 25.
[*Os Ensaios:* Uma seleção. São Paulo:
Companhia das Letras, 2010.]

A Cultura é um instrumento manejado pelos professores para fabricar professores, os quais, por sua vez, fabricarão professores.

Simone Weil, *L'Enracinement*.
[*O Enraizamento*. Bauru, SP: EDUSC, 2001.]

Uma cultura estabelecida, protegida, subvencionada, constituída em igreja ou capela vivendo à custa do público corre sério risco de ser apenas uma falsa cultura. [...] A verdadeira cultura, assim como o verdadeiro esporte, a arte verdadeira, a verdadeira religião, é mais realmente democrática. É mais realmente e mais espontaneamente solicitada. Não vai de cima para baixo, até o povo, a partir de misteriosos arcanos habitados por grandes sacerdotes.

Raymond Ruyer,
Éloge de la société de consommation.

130

Só quando um ser humano atingiu certo nível de vida material é que uma verdadeira cultura intelectual e um interesse por preocupações mais elevadas se tornam possíveis para ele. Sem essa preliminar, tais aspirações ficam, simplesmente, fora de questão. Seres que estão constantemente ameaçados pela miséria mais terrível não podem apreciar os mais elevados valores culturais. Portanto, só após decênios de combates que lhes permitiram garantir melhor nível de vida é que a questão do desenvolvimento intelectual e cultural pôde começar a se apresentar aos trabalhadores. E são justamente essas aspirações que os patrões mais temem. Para a classe capitalista, a frase do ministro espanhol Juan Bravo Murillo continua a valer ainda hoje: "Entre os trabalhadores não precisamos de homens capazes de pensar: precisamos é de animais capazes de se esfalfar".

Rudolf Rocker,
Théorie et pratique de l'anarcho-syndicalisme.

Não basta possuir Belas-letras para escrever um verdadeiro alfabeto.

Jacques Prévert, *Fatras*.

134

Intellectueurs à gages[a]...

Gilbert Langevin.

a Jogo de palavras com intellectuels (intelectuais) e tueurs à gages (capangas, mercenários). (N. T.)

136

POSFÁCIO

GUNTER AXT

Neste provocativo e bem-humorado ensaio, o educador canadense Normand Baillargeon retoma um palpitante debate. Numa época cada vez mais liquefeita pela aceleração da história, pela mundialização, pela fragmentação dos laços sociais, pela exacerbação do indivíduo narcísico, *sem gravidade*, e pela diluição das grandes narrativas, ainda há espaço para o humanismo libertário dos iluministas? Dentre as diversas questões postas pelo século XVIII, segundo o célebre historiador Robert Darnton, está a invenção dos intelectuais, como categoria profissional capaz de operar como reserva moral e fonte crítica da sociedade, timbrando notas dissonantes em meio ao consenso movediço e à polarização histriônica. Rousseau, especialmente, engajou-se numa espécie de revolução cultural, que pretendia *deselitizar* o saber, transcendendo a celebração encartolada entre pares em direção à interlocução com o tecido social amplo, dissolvendo a tensão entre síntese e análise e contribuindo para o surgimento de novas visões de mundo.

Eis aí um dos motivos pelos quais, para muitos pensadores contemporâneos, vertente na qual Baillargeon navega, o Iluminismo se recusa a se tornar irrelevante, devendo ser reinterpretado, geração após geração. O Iluminismo propôs uma reengenharia social da realidade, professando uma confiança no matiz revolucionário e, sobretudo, na ênfase cultural das revoluções – não, certamente, no tosco sentido maoísta, mas na noção de mobilização de cultura, de transformação de valores, de atitudes, de falas, de comportamentos.

Nesse libelo, Baillargeon enfrentou o debate com linguagem descomplicada – como, aliás, fazia Voltaire –, procurando dar materialidade à difusa noção de "cultura geral", isto é, uma sensação, lastreada num suposto arcabouço de informações, que no plano do imaginário coletivo paira, se insinua, entre a alta cultura, a cultura popular e a cultura de massas, fixando cânones, marcos balizadores de um habitus (assim como concebido pelo sociólogo Pierre Bourdieu) para o trânsito social e político.

O objeto de análise pode parecer mais evidente em um país como a França, no qual o reles equívoco com o título de um clássico da literatura, se cometido por um ministro de estado, pode ser considerado deslize imperdoável, a ponto de lhe ameaçar o cargo. Mas no Brasil, onde presidentes da República apelam para jornalistas esquecerem o que eles próprios escreveram; se comprazem por terem alcançado a cúrul executiva sem jamais terem lido um livro; saúdam alegremente a mandioca como revolucionária invenção da civilização nacional e comungam com o milho; revelam uma nova espécie – Mulher Sapiens; e situam os primeiros jogos olímpicos da era moderna no período entreguerras (apenas para ficarmos em algumas das gafes mais estonteantes), o debate pode parecer até insólito. Mas talvez, justamente por isso, deva ser encarado.

Partindo das consagradas ideias de Jacques Le Goff e Maurice Halbwachs, para os quais a todo ato de lembrar corresponde um esquecimento, Baillargeon caracteriza com propriedade a cultura geral como classista, elitista, sexista, etnocêntrica e ocidentocêntrica. Num contexto no qual a posse da cultura geral se constitui em precioso capital e, ao contrário, em dolorosa fonte de alienação para os que não a manipulam, tendem a ser ignoradas as realizações da cultura popular; das culturas indígenas, negras ou periféricas ao centro do poder; ou, como mostrou Simone de Beauvoir, tendem a ser desprezadas as contribuições das mulheres para as instituições.

A percepção de que os silêncios dessa cultura geral contribuem para engendrar a continuação do imperialismo reverbera a partir de Guy Debord, que denunciava a banalização da cultura no mundo ultramoderno e sublinhava que a hegemonia econômica das sociedades detentoras do espetáculo tende a se afirmar sobre regiões subdesenvolvidas, explicando porque estas atribuem tanto valor às celebridades e manifestações culturais estrangeiras. Para o pioneiro educador Paulo Freire, padeceríamos de uma espécie de deletéria introjeção da lógica hegemônica, de uma terrível identificação com o opressor. Forma suprema de alienação, que nos impediria de perceber, por exemplo, o Padre Vieira como um dos pré-fundadores do Iluminismo; Gonçalves Chaves como um dos expoentes do Liberalismo e das ideias abolicionistas no mundo; de relacionar a banda Secos e Molhados entre os precursores e principais entes do Glam Rock; etc...

Um sentimento de incompetência e de inferioridade mental que levou até mesmo intelectuais do porte de Sérgio

Buarque de Holanda a afirmar que Machado de Assis – que sem favor algum pode ser compreendido como pelo menos estando no mesmo patamar de Marcel Proust – não passava de uma "flor de estufa"; ou Raymundo Faoro, que sustentou a total impossibilidade de emergência de uma cultura e de um pensamento brasileiros. Eis um dos motivos pelos quais compreender a dinâmica sufocante do que o autor aqui nomeia de cultura geral pode ser relevante para os brasileiros.

Abrir o cânone: o caminho que vem sendo apontado desde que o sistema colonial europeu entrou em crise, que o movimento feminista e os movimentos sociais emergiram e a Pop Art deixou de ser vanguarda para se consolidar no establishment. Talvez a própria cultura ocidental, tal qual a conhecemos, erguida essencialmente sobre as colunas das tradições greco-romana e judaico-cristã, esteja já em decadência, como preconizava Oswald Spengler, investindo no relativismo comparativo e no ceticismo histórico esgrimido por Nietzsche. Ou, mais recentemente, para muito além da perspectiva reducionista e venenosa do "choque de civilizações" de Samuel Huntington, autores como Camille Paglia identificam sintomas dessa decadência no abastardamento progressivo da política, no crescente afastamento cognitivo entre a classe dirigente civil e as classes militares, no desinteresse dos jovens pela política, no carreirismo desenfreado das classes médias e altas, no descolamento cotidiano do Homem em relação à Natureza, na fragmentação dos indivíduos e na mediocrização da arte (tanto ao nível da alta cultura, em que a produção de grandes paradigmas e rupturas icônicas estaria em suspenso, quanto no plano da cultura de massas, em que a desqualificação intelectual e estilística tornou-se como nunca norma simplificadora, do que a celebração de figuras como Taylor Swift, Lady Gaga e Beyoncé, as novas divas da era digital, são atestados inquestionáveis).

No contexto dessa "guerra de posições" em torno da abertura dos cânones, o exemplo invocado pelo autor, do debate em torno da credibilidade da biografia da Nobel da Paz Rigoberta Menchú, pode não ser o mais feliz, pois a polêmica reverberou muito além da universidade norte-americana à qual pertencia o antropólogo David Stoll (que revelou as mistificações e inconsistências da autonarrativa da célebre guatemalteca), alcançando, por exemplo, ensaios de envergadura, como a da crítica argentina Beatriz Sarlo, que nos alerta para o excesso de subjetivismo sem lastros da pós-modernidade, aviso fundamental para aqueles que, por exemplo, militam na percepção da História Oral como uma ferramenta de projeção de novas vocalizações.

É mais fácil falar do que fazer. Na esteira de críticos como Noam Chomsky, Baillargeon relaciona entre alguns dos obstáculos ao projeto de redefinição dos cânones a lógica economicista dos meios de comunicação, que não contribuiriam para a exigência de conversa democrática, pois desempenhariam papel propagandístico, unificador e simplificador, acolitando a ideia de diversão ao invés de formação de uma consciência crítica.

Cabe ao crítico engajado no processo libertário ajudar o senso comum a colocar o nariz fora d'água e a enxergar além do pastiche midiático. Mas se o cânone pode ser identificado e interpretado pelo crítico, é estabelecido pelo artista. Então, é preciso que haja sensibilidade para percebê-lo e capacidade de analisá-lo. Porém, sem o artista promovendo grandes rupturas simbólicas ou afetando multidões, a sensibilidade do crítico bem adestrado pode ser em vão.

Para Baillargeon, acertadamente, a cultura geral continua a ser literária e humanista, como era no século XIX, com um paradoxal desprezo para com as ciências duras, especialmente a Matemática. No momento em que vivemos o apogeu da técnica e as inovações científicas nos surpreendem quase diariamente, em todos os campos, da medicina à informação, aumenta a dependência crônica das pessoas com relação à tecnologia, amplia-se a alienação coletiva sobre o funcionamento das coisas e cresce o distanciamento com relação à natureza.

Segundo Baillargeon, há muito de pose, arrogância, vaidade e presunção na cultura geral. É aquilo que nós, brasileiros, chamamos, nos séculos XIX e XX, de cultura bacharelesca. Num conto memorável, intitulado Teoria do Medalhão, Machado de Assis já ironizava essa retórica afetada e perfunctória que servia de farol para o trânsito político e social. Euclides da Cunha, por sua vez, desprezava a elite litorânea e cortesã que macaqueava as últimas modas de Paris, estando de costas para os ínvios sertões do próprio País, com suas bênçãos e desventuras. Gilberto Freyre construiu sua obra monumental criticando o avanço do sofisma bacharelesco sobre o ocaso da velha ordem patriarcal e sincrética da colônia. O mal do bacharelismo era invocado como justificativa para toda tentativa de reforma educacional no País, dos anos 1870 ao regime militar. Para o bem e para o mal, o debate assombrou o nosso imaginário por décadas.

Como os mais vivos críticos do caldo bacharelesco entre nós, Baillargeon parece sugerir que os vícios da pretensa cultura geral se tornam particularmente irritantes quando identificados no meio acadêmico. Acompanhando uma série de autores comprometidos com o lastro histórico e com a pesquisa de seriedade, como Pierre Villar, Pierre Bourdieu e Camille Paglia, Baillargeon ironiza o pedantismo vazio dos foucaultlatras universitários, já praticamente extintos na maior parte das Humanidades, mas ainda ativos em certos nichos encapsulados, como os estudos de gênero ou segmentos autonomizados da Educação. O problema é que em países como a Itália e o Brasil, alguns desses nichos estão conseguindo influenciar políticas públicas...

Nesse sentido, fiel ao projeto Iluminista e ao projeto da modernidade, Baillargeon cerra fileiras contra a tentação relativista de que tudo é cultural, ou de que tudo seria arte. Fica, assim, evidente seu desprezo pelas fórmulas desagregadoras do multiculturalismo, enorme equívoco festejado pela esquerda no último quartel do século XX como alternativa redentora. O relativismo pós-moderno, segundo o autor, parece estar já em declínio, mas nos fez a todos um mal enorme. De qualquer forma, o que Baillargeon parece não querer é jogar fora a criança junto com a água do banho. É para o que restou da crença no projeto educador crítico e humanista que ele se volta.

Para Baillargeon, a posse da cultura geral deveria ser inspiradora, impactando a vida cotidiana positivamente, ao permitir aos indivíduos justamente escapar do enclausuramento. Ao invés de produzir autossuficiência pedante, ela ensejaria a humildade epistêmica, o sentimento de falibilidade e a perspectiva crítica. Uma cultura comum, para ele, é algo indispensável ao prosseguimento da ideia democrática.

O insight é importante. De fato, para o cientista político Robert Dahl, por exemplo, as poliarquias modernas sucumbirão se não forem compreendidas como governos fundados no debate público e para o debate público, dinâmica que exige um nível básico do que nomina de entendimento esclarecido sobre o sistema institucional, compartilhado pelos cidadãos.

Já para François Jullien, é por meio do comum que se constroem a tolerância e o pertencimento. O comum é para esse filósofo um conceito essencialmente político, dizendo respeito àquilo que se compartilha. Se ao se conformar em comunidade pode excluir, o comum também pode se legitimar em progressão, por extensão gradual, esboçando níveis sucessivos de integração para um indivíduo ou para um grupo, como acontecia no padrão de cidadania conhecido no Império Romano. O comum de Jullien é um fenômeno essencialmente diferente do universal, pois este está no plano da racionalidade e assinala uma intransigência inegociável ao confundir a elevação do pensamento à própria ciência no âmbito da tradição europeia. Também é diverso do uniforme, um conceito inscrito no diapasão da produção, na economia, que repousa sobre a imitação e a estandartização. Enfim, para que o comum possa seguir uma tendência histórico-filosófica no sentido de evoluir como espaço de inclusão, é preciso que valores de convergência sejam compartilhados.

Por isso, para Baillargeon, o pensamento crítico, pela via da Filosofia, precisa estar na base de todo investimento na formação do cabedal que se pretende estruturante da cultura geral de um povo. Mas também é preciso vencer a fobia da Matemática e reconhecê-la como um pilar do conhecimento. A historização dos conceitos, por sua vez, propicia o relativismo epistêmico (que nada tem a ver com relativismo cultural), enquanto o contato com as artes e a literatura amplia a imaginação, sem a qual uma sociedade vê erodido seu potencial de inovação.

A receita, assim, propugna uma educação que deveria estar na contramão do utilitarismo de curto alcance, do pragmatismo e da preocupação com a rentabilidade. Uma educação que esteja favorecendo a formação de redes de solidariedade, ao invés do espírito competitivo e do individualismo sem gravidade.

Nós, brasileiros, sabemos que nos anos 1970 fomos constrangidos pelo arbítrio a engolir reformas educacionais que em grande parte seguiram a senda do utilitarismo. Mas o que estamos fazendo hoje em prol do fomento do espírito crítico e solidário entre nossos jovens? Uma ação ali, outra acolá...? O custo, por exemplo, da supressão da Poesia do nosso cenário educacional sente-se na quase total incapacidade dos jovens de comporem na música letras minimamente perenes desde que Cazuza e Renato Russo nos deixaram. Na cultura brasileira, a Poesia teve uma centralidade estratégica desconhecida no mundo saxão. Foi assim que produzimos tantos Caetanos e Chicos, entre outros. Mas isso acabou, é preciso reconhecer. Alguém desprezou a Poesia no processo educacional por não a considerar útil para a lógica produtiva. Hoje, justamente quando a economia que mais cresce globalmente é a da cultura e a da troca de bens simbólicos, perdemos essa reserva de valor, pois depois de gerações de jovens apartados do convívio cotidiano com a Poesia, os de hoje simplesmente não sabem mais compor. E há alguém falando em retomar a Poesia nas escolas e nas famílias do Brasil?

Para Baillargeon, nunca o espírito crítico foi tão estratégico como na era digital. Afinal, se o conteúdo já está sendo armazenado na Internet, qual a necessidade de ainda investirmos num modelo educacional que privilegia a transmissão de conhecimentos? O desafio reside precisamente em desenvolver uma base crítica para permitir o processamento desse conhecimento.

Baillargeon conclui com uma nota de otimismo, tão pertinente nesse nosso mundo cada vez mais sombrio: se a cultura e a educação não nos tornam necessariamente melhores, porque não encerram uma evolução em si, ambas são a única arma que temos para evitar o desastre completo do ambiente cultural, humanístico e natural no qual habitamos. Afinal, apenas pela cultura e pela educação podemos expandir a ideia de liberdade e a vontade de mudança.

GUNTER AXT
É HISTORIADOR E CRÍTICO CULTURAL.

BIBLIOGRAFIA

BOURDIEU, Pierre. *La Distinction*. Coleção Le sens commun. Paris: Les Éditions de Minuit, 1979. [*A Distinção*. Porto Alegre: Zouk, 2011.]

CASEMENT, William. *The Great Canon Controversy:* The Battle of the Books in Higher Education. New Brunswick: Tr+ansaction Publishers, 1997.

CHOMSKY, Noam. *Permanence et mutations de l'université*. Quebec: PUQ, 2010.

COULANGEON, Philippe. *Sociologie des pratiques culturelles*. 2ª ed. Paris: La Découverte, 2010.

CUCHE, Denys. *La Notion de culture dans les sciences sociales*. 4ª ed. Coleção Grands Repères. Paris: La Découverte, 2010. [*A noção de cultura nas ciências sociais*. Bauru, SP: EDUSC, 1998.]

FLEURY, Jean. *La Culture*. Paris: Bréal, 2008.

GUBIN, Éliane *et al.* (org.). *Le Siècle des féminismes*. Paris: Éditions de l'Atelier, 2004.

HIRSCH, Eric Donald Jr. *The Schools We Need: And Why We Don't Have Them*. Nova York: Anchor Books, 1999.

HIRST, Paul Heywood. *Knowledge and the Curriculum*. Londres e Boston: Routledge and Kegan Paul, 1974.

JULLIARD, Jacques. *Fernand Pelloutier et les origines du syndicalisme d'action directe*. Paris: Éditions du Seuil, 1985.

LASCH, Christopher. *Culture de masse ou culture populaire?* Paris: Climats, 2011.

PETERS, Richard Stanley. *Ethics and Education.* Londres: George Allen and Unwin, 1966.

POSTMAN, Neil. *Se distraire à en mourir*. Paris: Nova, 2010.

RODRIGUEZ, Richard. *Hunger of Memory.* The Education of Richard Rodriguez: an Autobiography. Nova York: Bantam Books, 1983.

ZINN, Howard. *Une histoire populaire des États-Unis*. Marseille: Agone, 2002.

1ª edição — Outubro de 2015
Capa: Cartão Triplex 250 g/m²
Miolo: Pólen Bold 70 g/m²
Fonte: Sentinel e Intro
Impresso na gráfica Markpress